陳福成著

文學叢刊

中國全民民主統一會北京、天津行

——兼略述全統會過去現在及未來發展

文史哲出版社印行

國家圖書館出版品預行編目資料

中國全民民主統一會北京、天津行：兼略述全統會過去現在及未來發展 / 陳福成著. --
初版 --臺北市：文史哲, 民 103.07
頁； 公分（文學叢刊；326）
ISBN 978-986-314-193-8（平裝）

573.07 103009504

文學叢刊 326

中國全民民主統一會北京、天津行

— 兼略述全統會過去現在及未來發展

著者：陳福成
出版者：文史哲出版社
http:// www.lapen.com.tw
e-mail：lapen@ms74.hinet.net
登記證字號：行政院新聞局版臺業字五三三七號
發行人：彭正雄
發行所：文史哲出版社
印刷者：文史哲出版社
臺北市羅斯福路一段七十二巷四號
郵政劃撥帳號：一六一八〇一七五
電話886-2-23511028・傳真886-2-23965656

定價新臺幣四〇〇元

中華民國一〇三年（2014）七月初版

ISBN 978-986-314-193-8 09326

序說：訪問（筆談）全統會王會長化榛先生

我經由信義和元俊二位師兄引介，才有機緣參加全統會這個組織，近兩年來參與幾次會議（餐）並任記錄，對本會成長、運作、成員略知少許，我很感動於這群國之長者，在這樣的小團體還能堅持「統一理念」的理想性。這個團體雖不大，但理想遠大，這種精神深值鼓舞，我才想運用自己寫作專長，以作家的身份寫一本有關全統會的書，以彰顯這個團體之理念。

本文以訪問（筆談）全統會現任王會長化榛先生，談談本會背景、現況和發展，目的在補其他各篇之不足。在此，感謝王會長接受訪問，特爲序說（筆談原稿如後附印，時間二〇一四年元月）。

全統會是在何種歷史背景、社會環境下成立？

自經國總統逝世，李登輝副總統身份依憲法規定，接任總統職務後，表面上尊重中華民國法統，並成立統一委員會，頒佈統一綱領，但實際隱藏台獨傾向。

當時任國民大會代表並為主席團主席之滕傑先生已有警覺，於李登輝接續經國先生之任期屆滿時，力推林洋港先生競選總統不成。（被李透過蔣彥士先生發動八大老力勸林洋港退選）

為阻止李登輝利用職權步上台獨路，滕傑先生乃發起籌組「中國全民民主統一會」，以創導兩岸和平統一及實踐三民主義國父思想總裁遺訓為宗旨。

全統會成立之初所發揮的功能如何？

本會成立之初，會員達兩萬餘人，並為台灣最早期主張和平統一，且在政府立案之政治團體，凝聚了贊同統一人士的意志力。後也引發多個統派團體紛紛響應，以統一為名成立政治團體。

全統會這一路走來，大致重要的兩岸活動有那些？尤其政治活動方面。

本會由滕傑先生主持時，曾派鄧文儀先生（曾任內政部次長），組團訪問大陸與鄧小平總書記會談，認同兩岸不應再兵戎相見，而應朝向和平統一前進。

王化榛先生接任會長並亦曾組團訪問大陸，由當時政協副主席張克輝先生率員與訪問團座談，表達和平統一，爲兩岸共同努力之目標。此後大陸每年所舉辦之全球華人華僑和平統一促進會會長會，均邀化公與會，已七屆之久。化公在會中發言也受到與會者相當程度重視。

另在香港、澳門舉行之全球華人華僑和平統一會，本會均被邀請組團參加，發表過多篇論文，不僅獲得各界認同，論文刊於專集也產生學術上之影響力。

會長領導全統會多年以來，在組織發展上有沒有什麼重大困難？

現任會長王化榛先生接任本會之際，正是李登輝逐步推動台獨行爲之時，如其在美國發表兩岸是特殊國與國關係，在國民大會多次修憲，先完成總統直選，再凍結台灣省，繼而廢除國民大會等。

另再修改刑法一百條，刪除主張台獨者為叛亂犯之規定，開放流亡海外台獨份子返台等。使獨派明目張胆公開活動，而統派逐漸萎縮，會員流失大半，新血參加者不多。

面對未來，全統會應如何突破現狀？才有更大發展空間？發揮更大政治功能？

本會由於經費困難，無力發展組織或舉辦大型活動，現有會眾乃系志同道合之熱心人士，不離不棄，為共同目標而奮鬥之同志。我們將延續本會宗旨，聯合全台灣統派團體經常集會，適時發表共同宣言，採取一致行動，為兩岸和平發展而努力，以達和平統一之目標。

雖然本會人數不多，但如能堅持到底，集合全世界中國人（含華僑）主張統一者之力量，推動和平統一，統一是指日可待的。——大陸十三億人口，加千萬華僑，台灣少數台獨份子不成比例。

吳序：「中國全民民主統一會」北京、天津參訪紀實

全統會秘書長　吳信義

一、緣起：

二〇一三年十月七日，本會應澳門地區中國和平統一促進會劉會長藝良先生之邀，由王會長化榛先生率五人出席「中華民族團結與復興」研討會，兩天的論壇由海峽兩岸三地的學者專家計百餘人，提出百篇論文，爲促進祖國和平統一，從學術面、基本面、實務面來探討一中框架，增強兩岸政治互信、增進共同認同、鞏固互信基礎、深化兩岸關係和平發展，我全統會五人代表提交大會六篇論文，在分組研討會發言，深獲佳評。總結是兩岸目前維持現狀是大多數人民最大期望及選項。會中王會長向中國和平統一促進會杭執行副秘書長兼（黃埔軍校同學會秘書長）建議本會參訪意願，當下允諾，遂於二〇一四年三月廿五—卅日安排此次北京、天津參訪之行。本人身爲秘書長陪同全程參

與。

二、行程：

此次本會一行二十人在黃埔軍校同學會精心策畫下，五天的行程安排略述如下：

第一天：16：00拜會中國和平統一促進對會，是晚接受歡迎晚宴。

第二天：09：00拜會國臺辦，14：00參觀中關村高新技術企業。

第三天：08：00赴北京桂甲峪，參觀新農村建設。中午接受平谷區人民政府姜帆區長三十人大型圓桌午宴，並贈當地名琴一把。15：00參觀「中國樂谷」，17：30拜會北京市黃埔軍校同學會，是晚接受該會副會長宴請。

第四天：10：00參觀天津泰達經濟開發區，17：00拜會天津市黃埔軍校同學會、18：00天津市海外聯誼會，晚上由天津市黃埔同學會宴請。

第五天：08：30參觀天津空港開發區、14：00參觀天津規畫館。

三、感想：

由於本會大家共同意願，會長特別請大陸安排，不參觀名勝、古蹟、風景，希望參觀平時看不到的高科技工業，特別是此次到北京參觀中關村自主創新示範區，即中國高科技產業中心，如聯想、百度等高科技，經由解說員詳解，大家對中國第一個國家級高新科技術產業發展區，才有更深入的瞭解；其次來到地處北京市郊二個多小時的桂甲峪村，全村一四六户，四六〇口人，山場面積八千畝。我們分三批由專人帶領參觀，看到一個優美的環境，綠色生態的山區，新農村、新社區，家家户户，電氣化、太陽能源，注重環保，宛如世外桃源，大家都期盼有朝一日，呼朋引伴來此度假。第四天來到天津，分別參觀天津經濟技術開發區、空港經濟區、天津市規劃展覽館，著名的意大利風情保護區、歷史展區、濱海新區等等，真讓我們大開眼界。天津不愧是中國的直轄市。目前天津已有三千三百多家外商投資企業落户，總投資額超過一五〇億美元，成爲電子通訊、食品、機械、生物，醫葯四大支柱產業，經濟飛逝發展，不僅是中國的驕傲，在世界的出口加工區中也堪稱典範。非常感謝有此參訪機會，共睹中國大陸科技的進步，邁向世界第一強國將指日可待。二〇一四、四、四

ps：本會會長親撰：紀念牌贈送

從和平發展　到和平統一

為民族復興　共圓中國夢

關於本書寫作動機、架構與緣起說明（代自序）

成立於民國七十九年的「中國全民民主統一會」（本書以下簡稱「全統會」），在其會章第二條說：「本會以促進和平統一中國，及實行三民主義全民民主爲宗旨，反對一切有害中華民族生存發展的意識、政策及制度。」（詳見附件一：中國全民民主統一會會章）。至今，經歷任會長、會員的努力，發揮各時期的時代任務，現任會長王化榛先生以八十八之米壽，尙率領會員奔走於兩岸，撲撲風塵，極備辛勞，我以特約記者、作家的身份，爲化公獻上無限敬意，他是兩岸所有追求中國和平統一的中國人之典範。

「中國和平統一促進會」（本書以下簡稱「統促會」），成立於一九八八年，在其章程第二條說：「本會是由贊成中國統一的各界人士自願結成的具有獨立法人地位的全國性、非營利性社會組織。」在第三條本會宗旨，強調團結海內外同胞完成中國和平統一，反台獨、反任何形式之分裂。（詳見附件二）多年來也完成了許多階段性任務，兩岸交流和互信才有現在的成績，吾人期待大家持續努力，讓中國的和平統一提早實現。

二〇一四年三月，會長化公再度率領眾多會員，應大陸統促會邀請，到北京、天津拜會參訪，時間是三月廿五日到三十日（詳見本書第三篇：北京天津行日記）。此期間，在統促會安排下，各單位熱情接待（如第三篇所記），在此表達無尚之謝意。

本書寫作之動機，在記錄全統會一路走來的點點滴滴，彰顯本會和大陸統促會等各單位的交流，以及雙方在追求中國和平統一的進程中，我們的行腳和心聲，都是這一代全體中國人促進和平統一浪潮的小部份，而這一小部份也還是大歷史，還是我們生命中的春秋大業。

本書在架構安排上，大致按過去、現在和未來的進程思維，前言和結論外區分三篇十二章。另爲盡可能求全，眾多必須列爲文獻參考，以利讀者會員進一步深讀、查證、說明者，均放在附件（共有十二個附件）。

在本會多次會議上，經常提到創會人滕傑先生，但知其詳者不多。據知，將有一本《滕傑回憶錄》要出版，本書先從《三民主義力行社史》一書，摘其早期活動列附件十。

本書照片由信義師兄整合俊歌等多人拍照，他們爲全統會留下影像記錄，感謝他們的用心，也謝謝信義師兄所寫的感言，爲本書添增了光彩。當然，再讓本書增加了很大的「重量」，是會長化公的筆談「序說」，感謝他，祝福他身體健康，再爲吾國之和平統一做出貢獻。

本書之本文由我執筆，及各附件中有若干全統會會員之建議或主張，均屬個人言論，並未在全統會中充份討論，成爲全會的共同決議，略爲說明。

本書出版後，爲答謝六天北京、天津參訪行程中，有與我交換名片之有緣者，均寄贈本書一冊，以示感謝和回禮，同時也做爲一個人生旅途中難得的紀念和緣份，寄贈者名冊如附件十二。（若還有須要，均請自行向出版社價購，版權頁有資料。）

我參加全統會時間算很短，對全統會了無貢獻和功德，就以本書獻給全統會、獻給統促會、黃埔同學會及兩岸所有追求中國和平統一的朋友們。本書不過整理一些資料、文獻，彙編成書，談不上是什麼創作，請高明指正，不勝馨香期盼！（台北公館蟾蜍山萬盛草堂主人　全統會會員　陳福成誌於二〇一四年五月三日，榮獲第五十五屆「五四文藝節」中國文藝獎章之前夕。）

中國全民民主統一會北京、天津行
——兼略述全統會過去現在及未來發展

目 次

第一天拜會「統促會」，雙方領導互贈紀念牌，左是全統會會長王化榛先生，右是統促會秘書長杭元祥先生。

北京黃埔軍校同學會和統促會是「兩塊牌子一個班子」。

在統促會座談。

右上圖：第二天，拜會國台辦，化公贈紀念牌，副局長王冰代表接禮。
左上圖：國台辦和海協會是「兩塊牌子一個班子」。
下　圖：在國台辦合影。

國台辦和海協會是「兩塊牌子一個班子」。

第二天，參觀中關村國家自主創新示範區。

晚宴，在北京鴻錦海鮮大酒樓。

統戰部長劉震贈琴給本會，秘書長吳信義代表接受。

第三天，參觀掛甲峪新農村建設，在簡報室。

贈《日本問題的終極處理》一書給北京黃埔同學會秘書長王蘭萍（右）。

在「漁陽大旺美食」午宴，統戰部長劉震致詞。

在津利華大酒店，由天津海外聯誼會副會長王平主持。

在天津黃埔軍校同學會合影。

兩岸齊祝賀，中國早日完成和平統一

兩岸一家親

晚宴，天津統戰部辦公室主任楊文芳致詞。

第五天，在天津「狗不理」晚宴，化公贈紀念牌給天津黃埔軍校同學會副會長王朝亮先生（右二），最右是秘書長劉正風。

在「狗不理」晚宴後合影。

化公（左）與王朝亮副會長，後面是秘書長劉正風。

站立拍照的是天津黃埔軍校同學會聯絡部部長，李桂環。

離開天津前再一次留影，互道再見。

在北京黃埔軍校同學會，前排正中是秘書長王蘭萍。

第五天，在天津意大利風景區。

師兄弟在天津「小站練兵」。

第二天，拜會國台辦。

在统促會大廳合影

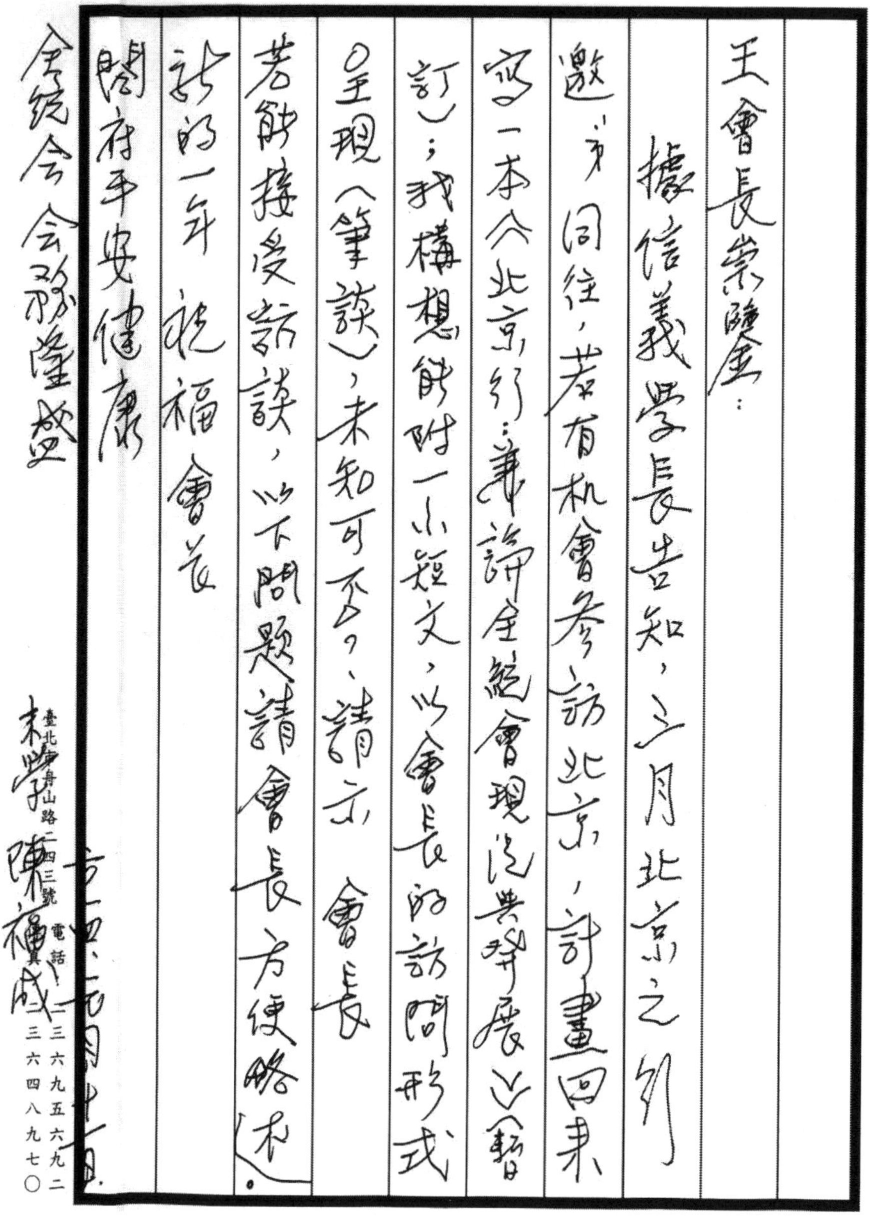

王會長崇隆鑒：

據信義學長告知，三月北京之行邀你同往，若有机會參訪北京，計畫回來寫一本《北京行》：兼評全統會現況與發展《暫訂》；我構想能附一小短文，以會長的訪問形式呈現《筆談》，未知可否？請示會長

若能接受訪談，以下問題請會長方便略述

新的一年 祝福會長

闔府平安健康

全統會會務蓬勃

末學 陳福成 一〇五、元月廿五日

臺北舟山路二四三號 電話：二三六九五六九二 傳真：二三六四八九七〇

全統會是在何種歷史背景、社會環境下成立？

自經國總統逝世，李登輝以副總統身分依憲法規定接任總統職務後，表面上尊重中華民國法統，並成立統一委員會，頒佈統一綱領，但實際暗藏台獨傾向，時任國民大會代表並為主席團主席之滕傑先生警覺，於李登輝接續經國先生任期屆滿時，力挺林洋港先生競選總統不成後，李登輝利用職權步上台獨路線，乃發起籌組「中國全民民主統一會」以創導兩岸和平統一及貫徹國父思想總裁遺訓為宗旨。

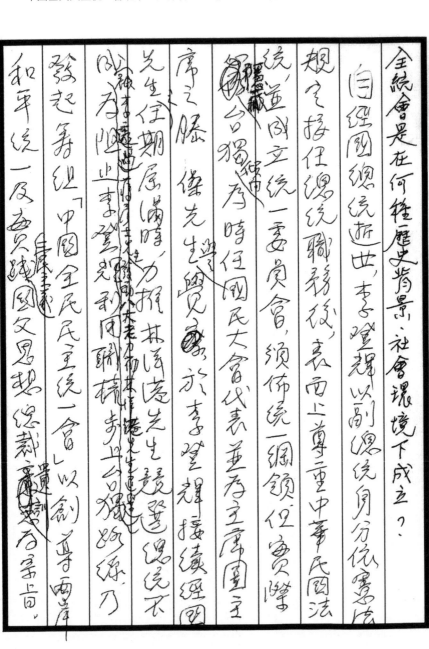

全統會成立之初所發揮的功能如何？

本會開立之初，會員達兩萬餘人，並為公認最早期主張和平統一且在政府正式登記立案之政治團體，凝聚了贊同統一人士的意志力，也引發了後續多個統派團體紛紛響應成立以統一為名之團體。

全統會這一路走來，大致重要的兩岸活動有那些？尤其政治活動方面、

本會由滕傑先生主持時，曾派鄧文儀先生（曾任內政部次長）組團訪問大陸，與鄧小平總書記會談，認同兩岸不應再繼續以武相見，而應朝向和平統一前進。本人接任後，亦曾組團訪問大陸，由當時政協副主席張克輝先生等人與訪問團座談，表達和平統一，應為兩岸共同努力之目標。此後，大陸每年所舉辦之全球華人華僑和平統一促進大會會長會，均邀本人與會，已七屆之久，本人在會中發言也受到相當程度之重視。另在香港舉辦之全球華人華僑和統會，本會均被邀組團參加，發表論文多篇，利於[illegible]。

臺北市舟山路二四三號　電話：二三六九五六九二　傳真：二三六四八九七〇

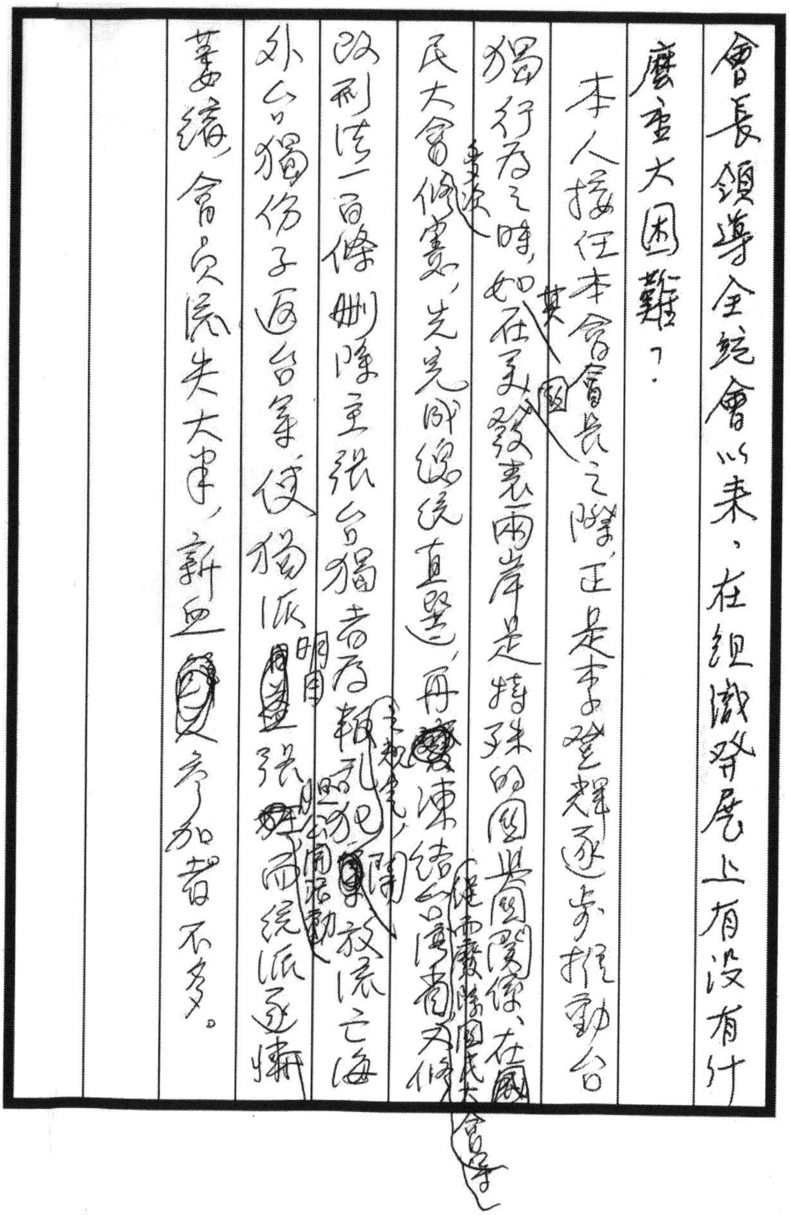
會長領導全統會以來、在組織發展上有沒有什麼重大困難？

本人接任本會會長之際，正是李登輝逐步推動台獨行為之時，如其在美發表兩岸是特殊的國與國關係、在國民大會透過修憲，先完成總統直選，再凍結台灣省，又從而廢除國民大會等，改刑法一百條，刪除主張台獨者有罪之規定，開放流亡海外台獨份子返台等，使獨派明目張膽而統派逐漸萎縮，會員流失大半，新血參加者不多。

面臨未來，全統會應如何突破現狀？才有更大發展空間？發揮更大政治功能

本會由於經費拮据，無力發展組織或舉辦大型活動，現有會眾乃系志同道合之熱心人士，不離不棄，為共同目標而奮鬥之同志，我們將延續本會宗旨，聯合全台灣統派團體，經常集會，適時發表共同宣言，採取一致行動，為兩岸和平發展而努力，促成達和平統一之目的。雖然本會人數不多，但如能堅持到底，集合全世界中國人（含華僑）之主張統一者之力量推動和平統一，統一之日指日可待的。——大陸十三億人口，加千萬華僑，台灣少數台獨份子，不成比例。

臺北市舟山路二四三號
電話：二三六九五六九二
傳真：二三六四八九七〇

中國全民民主統一會

第七屆監察委員選票

圈選	姓名	圈選	姓名	圈選	姓名	圈選	姓名
1	王曉祥	2	李永昇	3	郭迎祥	4	徐味真
5	張屏	6	吳信義	7	李宗元	8	成必展
9	謝元熙	10	王宗炎	11	費玉棠	12	尹盛先
13	賈寶俊	14	楊秀	15	羅愛萍	16	陶明潔
17	張介仁	18	上官百成	19	滕則權	20	沈國楨
21	馮慽山	22	任懷宏	23	葉國勝	24	林秋娟
25	謝屏中	26	劉豫華	27	蔡世榮	28	王玉燕
29	周靜	30	陶啟宇	31	黃希魯	32	吳元俊
33	卓金鴻	34	陳兆伸	35	馬鳳姿	36	陶增珊
37	史健	38	許道川	39	耿培生	40	吳淑媛
41	陳福成	42	彭德華	43	王永盛	44	燕盛德
45	劉敏	46	黃文男	47	鄭健	48	王守誠
49	宋子平	50	王燕雯	51	陳沛雯	52	陳濟中
53	張坤松	54	饒詠儀	55	王世輝	56	陳昭安
57	蔣與恩	58	顏興國	59	談鎮權	60	李宏春
61	龔仁漳	62	陳美玉	63	楊建華	64	盧秦玉聰
65	韓董月娥	66	楊聖川	67	楊博宇	68	李沛淇
69	丁夏蘭	70	胡惠龍	71	鄭榮德	72	馬泓萍
73	余明鳳	74	趙良林	75	周榮源	76	吳延珠
77	王魁元	78	莫克強				

說明：本次選舉採無記名限制連記法，每位選舉人限圈選五名，超出者視為廢票，亦不得塗改作記號或圈於選格以外。

監票人　　簽章

中華民國一○二年三月三日

中國全民民主統一會

第七屆執行委員選票

圈選	姓名	圈選	姓名	圈選	姓名	圈選	姓名
	1 王曉祥		2 李永昇		3 郭迎祥		4 徐味真
	5 張屏		6 吳信義		7 李宗元		8 成必展
	9 謝元熙		10 王宗炎		11 費玉棠		12 尹盛先
	13 賈寶俊		14 楊秀		15 羅愛萍		16 陶明潔
	17 張介仁		18 上官百成		19 滕則權		20 沈國楨
	21 馮憾山		22 任懷宏		23 葉國勝		24 林秋娟
	25 謝屏中		26 劉豫華		27 察世榮		28 王玉燕
	29 周靜		30 陶啟宇		31 黃希魯		32 吳元俊
	33 卓金鴻		34 陳兆仲		35 馬鳳姿		36 陶增珊
	37 史健		38 許道川		39 耿培生		40 吳淑媛
	41 陳福成		42 彭德華		43 王永盛		44 燕盛德
	45 劉敏		46 黃文男		47 鄭健		48 王守誠
	49 宋子平		50 王燕雯		51 陳沛雯		52 陳濟中
	53 張坤松		54 饒詠儀		55 王世輝		56 陳昭安
	57 蔣與恩		58 顏興國		59 談鎮權		60 李宏春
	61 龔仁漳		62 陳美玉		63 楊建華		64 盧秦玉聰
	65 韓董月娥		66 楊聖川		67 楊博宇		68 李沛淇
	69 丁夏蘭		70 胡惠龍		71 鄭榮德		72 馬泓萍
	73 余明鳳		74 趙良林		75 周榮源		76 吳延珠
	77 王魁元		78 莫克強				

說明：本次選舉採無記名限制連記法，每位選舉人限圈選十五名，超出者視為廢票，亦不得塗改作記號或圈於選格以外。

監票人 簽章

中華民國一〇二年三月三日

第一篇

風華的腳印：歷史絶不成灰

全統會會長王化榛（左）、統促會副秘書長杭元祥（右）

全統會秘書長吳信義（左）、北京黃埔軍校同學會
秘書長王蘭萍（右）

第 1 章 「中國全民民主統一會」簡介

一、中國全民民主統一會（簡稱「全統會」）。其強調的目標有二：即「中國的全民民主」與「中國的和平統一」。

二、所謂「全民民主」，不是「資產階級的民主」，也不是「無產階級的民主」，而是國父孫中山先生所主張的民主政治思想「全民政治」。

三、全統會的組織性質：在法律上說，本會是一個在內政部登記合法的政治性團體。在精神上說，本會是孫中山先生所領導的民主革命事業的繼承者。

四、爲了完成中國的統一，進而躋中華民族於民主、自由、均富的境地，因而成立本會，凝結全民力量，以充分表現全民的意志，來達成全民的願望。

五、全統會的組織有下列四項特色，乃是達成本會目標的保證：

1.全民性：竭誠歡迎海內外各行業、各階層所有的中華兒女都來參加本會，使本會能充份代表全民的意志和願望。

2.民主性：本會的領導與運作，完全秉持民主的精神與原則；少數服從多數，多數尊重少數，使人人都能參與，人人都有成就。

3.實踐性：凡經決議的事項，皆以主動、積極、負責、徹底的精神，排除萬難，貫徹到底，不達目的，決不終止。

4.倫理性：本會成員有如家人血親；老一代扶助第二代和第三代，第二代扶助第三代；反之，第二代尊敬第一代，第三代尊敬第一代和第二代。如此代代相扶助，層層表尊敬，使本會形成老中青三代相結合，而爲打不散、衝不破的倫理性組織。

六、凡是理念相同，年滿十八歲之國民，經會員介紹和總會通過即可成爲本會會員，頒發正式會員證。非中國人也可參加成爲榮譽會員。但必須以個人身分入會，不可以團體入會，這是特別的規定。

中國全民民主統一會以下簡稱本會，於民國七十九年由滕傑將軍創會，至今已邁入第廿三年，期間歷經滕傑將軍首任會長、陶滌亞將軍第二任會長（陶也是洪門五聖山前山主），目前由王化榛先生擔任第三任會長，此次第七屆代表大會將改選會長及執、監委員等。

當年本會成立之初，全省設有臺北市、臺北縣、基隆、桃園、臺中、嘉義及高雄等分會，會員分布全省北、中、南地區，多達兩萬餘人，經過二十幾年來時空轉變，一度政黨輪替長達八年，在獨派勢力壓制下，人人避談統一，加上會員年歲漸長，逐一凋零式微，至今雖然每年有新入會員，但整個會員年齡層仍嫌老化，嘉義分會在這兩屆主任委員谷忠黃先生、袁純正先生的主持下，歷年來一直擴大組織成員，會務運作正常，定期發行會訊，宣導愛國愛黨理念，批判賣臺謬論，目前會員有一五七員。高雄分會由張介仁先生主持會務下，每個月召集座談，到會者二十餘人，會員亦多達百餘人。屏東目前有五位會員。臺北會員約百來人，因就近之便，本會活動都能熱心參與。

本會第七屆第一次代表大會將改選會長，期盼新會長庚續本會保持兩岸關係和平基礎下，發展文化、經貿交流，互利共榮，營造兩岸中國人一家親的願景，待中國全民民主自由的那一天，共同完成統一目標，是本會創會的宗旨。將來希望有更多年輕人加入本會，壯大陣容，是所期盼！

（以上為民國一〇二年三月三日，第七屆第一次會員代表大會資料，本書作者再修整。）

第2章 中國全民民主統一會第七屆代表大會第一次會議

地點：台北天成飯店　時間：一〇二年三月三日、10:00~12:00

主持人：王化榛會長　記錄：陳福成

參加人員簽到：如簽到簿

來賓：郁慕明

團拜

主席報告：

感謝大家蒞臨，我已接任十多年，現在應該從會長開始，全面改選。本來前年要改選，因無人有意願接任。這回一定要改選，才能使本會再成長發展。這十多年來，我自認做了兩件事，一是和大陸建立了關係，也提供一些和平統一的建言。

大陸對馬英九的「不統不獨」也不滿意，認爲是「和平分裂」，要訂「統一時間表」，我提議不可，後未訂。

台灣大選大陸常講話介入，都造成反效果。二〇〇八年大選，大陸保持沉默，叫老美警告阿扁，故小馬大勝。

第二件，台灣各統派團體目前和我們全統會有交流，經常一起參加大陸參訪活動。

郁慕明致詞：

這次和連主席參訪大陸，此行有幾個觀點：

第一、連主席此行和習近平、胡錦濤見面，意義不尋常，表示兩岸重大事務是有傳承的，「兩岸和平發展是堅定不移的信念」，習、胡二人都說了。但是，這要兩岸共同努力，說的很明白。台灣內部有何回應、因應。我尚未看報，昨天才回來，在機上看了報，好像總統府有不同意見，認為是連戰的個人意見，如此說，總統府的發言人不清楚狀況，也不妥的。國民黨內部意見都不一，回應很沒有水準。

第二、馬英九要消滅新黨，與我何干？新黨又不想當官、當執政黨，打仗也有側冀。台灣愈來愈狹礙，年青一代沒有智慧。沒有「打手」，一點小事，都要馬英九、要行政院長親自出馬打仗，主將大將站到第一線，垮了，就全面垮了。

主持人報告：

我看了報，馬英九陣營一直要劃清界線，說連戰講「一個中國」是他個人的事，和本黨無關。這真是很不好。本會也講和平統一，但要民主和平才統一。「一國兩制」我們並不接受，如同香港一樣，共黨的控制比國民黨白色恐怖更可怕。所以全統會的目標很有意義，我們就叫「中國」。

選舉：

臨時動議：逄夢麟

請大會通過全力支持協助行政院文化部主辦於高雄市港區「台灣光彩文創園區」委外經營案，達到兩岸交流興利共榮之目標。

表決通過。

王化榛：47票（會長當選人）

林竹松：14票

執行委員廿七人：上官百成、王魁元、田澎明、費玉棠、王世輝、謝屏中、謝元熙、吳元俊、卓金鴻、逄夢麟、吳珠延、察世榮、劉豫華、余明鳳、吳淑媛、滕則權、丁夏蘭、張坤松、楊博宇、陳沛雯、王玉燕、林秋娟、陳福成、任懷宏、陶明潔、沈國楨、莫克強。

常務執行委員：上官百成、田澎明、王世輝、謝屏中、逄夢麟、吳珠延、佘明鳳、滕則權、林秋娟。共九人。

後補執行委員：李宏春、黃希魯、燕盛德、尹盛光、羅愛萍、陶增珊、彭德華、王守誠、宋子平。共九人。

監察委員：張屏、王曉祥、徐味真、劉敏、李永昇、王宗炎、馬鳳姿、郭迎祥、張介仁。共九人。

常務監事：張屏、馬鳳姿、劉敏，三人。

後補監察委員：李宗元、馮憾山、黃希魯，三人。

新任會長王化榛先生會議結論。

（一）宣佈各當選人名單（如上）。

（二）各位即叫我再幹下去，定當全力以赴。但各位當選的各級幹部、執行、監察等人員，也一定要好好幹，使本會目標早日達成。

（三）未來本會仍將按照即有政策、路線，有機會便開拓兩岸關係，使「和平、民主、統一」理念能讓年青一代理解。

（四）秘書長仍將請吳信義先生担任，請大家共同努力，壯大本會。

(五)嘉義上來的會員很辛苦，萬分感動他們，以後開會還是要各位上來，共襄盛舉。

(六)會餐，祝福大家新年快樂。

附錄一：中國全民民主統一會第七屆第一次代表大會

工作報告：

一、101年1月2日，王會長化榛受邀，參加孫武彥教授發起之挺馬、吳遊行活動。

二、101年1月6日，王會長化榛受邀赴嘉義，參加嘉義分會會員大會及團拜。

三、101年1月8日，王會長化榛率全統會同仁，參加馬、吳造勢大會遊行（自國父紀念館至總統府）。

四、101年1月14日，總統、副總統大選，馬、吳以八十餘萬票差額勝選，立委選舉國民黨當選六十四席，民進黨四十席，親民黨、台聯黨各三席。

五、101年4月5日，王會長化榛、吳秘書長…等幹部與黃埔四海同心會共同接待澳門辛亥黃埔後裔訪問團，互贈紀念品並座談。

六、101年4月28日，吳秘書長陪同王會長化榛參加崇德協會會員代表大會，並與本會結為姊妹會。

七、101年6月18日，王會長化榛受中國和平統一促進會之邀，參加每年一度之世界華人華僑和平統一促進會會長會，及該會理監事會，與會者四五〇人，會後赴湖南長沙等地參訪。

八、101年7月28日，王會長化榛受邀參加中華民族團結協會（夏瀛州先生為理事長）座談國是。

九、101年9月18日，吳秘書長陪同王會長化榛受邀，由新同盟會發起之全國各政治團體聯合會，紀念九一八事變及抗議日本擅將釣魚台國有化，並發表共同宣言。

十、101年9月23日，王會長化榛率全統會同仁，參加各界所發起之保釣遊行（自國父紀念館至日本交流協會）。

十一、101年10月6日，本會由謝副會長奇翰率十位同仁受邀，參加中華民族團結協會在圓山飯店，由夏瀛州先生所主辦之聯誼會。

十二、101年10月29日，王會長化榛受邀，赴澳門參加"九二共識"二十週年論壇，兩岸四地近百人參加，並提出論文一篇（"九二共識"之核心與精髓）。

十三、101年12月23日，本會王會長化榛應新黨主席郁慕明之邀出席該黨所舉辦之第一場"請問台灣人民"演講會之貴賓之一。

十四、101年12月24日，本會王會長化榛應邀出席”促進中華民族和平統一各政治團體聯合會“，在行憲紀念日前夕發表”捍衛中華民國憲法，恢復行憲紀念活動“之共同宣言。

附錄二：中國全民民主統一會歷年參與之重要活動回顧

一、中國全民民主統一會自成立以後，首次由鄧文儀先生銜創會會長之命，率團訪問大陸，並會見鄧小平先生，王會長化榛亦於民國九二年間組團赴大陸參訪，並由大陸政協副會長張克輝先生接待，座談兩岸國家統一問題。

二、中國全民民主統一會自民國九五年起，王會長化榛每年均受邀參加全球華人華僑和平統一促進會會長會議。其中有兩次有人提議和平統一應訂時間表，均被本會會長力阻而打消。

三、2006年12月14日，王會長化榛組團參加在澳門舉行之世界華人華僑及兩岸四地和平統一促進會。

四、民國98年，澳門回歸十週年來函邀請，因故未能出席，只提紀念一篇刊於其紀念冊”澳門回歸十年與台灣關係發展之展望“。

五、民國99年9月21日，王會長化榛組團（60餘人），參加由香港和平統一促進會所舉辦之世界和平統一促進會，本會參與人員提出論文十一篇，並於閉幕會典禮中上台演唱大會會歌。（余帆教授作曲、作詞）

六、民國100年9月4日，澳門和統會舉行辛亥百年紀念大會，王會長化榛應邀參加大會。

七、民國100年11月22日，澳門和統會舉行”一國兩制“論壇，王會長化榛應邀參加，並提供論文一篇（兩岸關係和平發展與台灣民眾的國情認知兼論台灣人民爲何不接受”一國兩制“）。

第 3 章 中國全民民主統一會執監會 會議紀錄

時間：102 年 10 月 12 日上午　　地點：天成飯店

司儀：吳信義　　　　　　　　　記錄：陳福成

△現場分發大陸空軍上校載旭「醒世危言」一文。

△會長報告：

歡迎大家從全省各地來參加執監會，上回重選後本會年青許多，今天是改選後第一次會。

半年來我們參加各政黨聯合會，理念相同的政黨也有聯誼，大家發揚中華文化。

十月初在澳門舉行中國全民統一會，本會也參加。

全球華人，黃埔同學會在大陸開會，本人也前往參加。明年三月在北京召開兩岸交流統一會，我們計畫組團參加，大家積極參與。這個行程北京三天、天津三天，也會到審陽參觀。天津看開發區，審陽看瀋遁機工廠，世界第一大工廠。

另外，明年三月北京行，也會到山東，去泰山。機票自己出，去了那邊招待很多，平時看不到的，這回可以看到。

今年改選後，我們節餘七萬多元，今年收會費六萬多元。

△**吳信義報告：**

①今天開座談會，大家聊聊。

②今天要決定明年三月的北京行。

③我到澳門開會，看到那裡人民幸福快樂，他們不用繳稅。

④成立組織部、文宣部，加強本會陣容，大陸部、海外部目前不能成立。

⑤目前因「個資法」，不方便建立會員名冊。

⑥會員大家不認識，因爲辦活動太少，如果有機會辦旅遊，大家好認識。

△**會長報告：**

現在對外募款會麻煩、困難，所以我們沒有對外募但接受自己會員捐款。

現在我要想辦法把會長交出去，我老了。從會長到工友都我一人幹。

到底要不要印名冊，要大家同意才印。因現在個資法的問題。

結論：不印。

補記：

自從今（102）年三月三日，本會第七屆代表大會第一次會議中，經吳信義和吳元俊二位師兄大力的推，叫我一定要當執行委員，果然在會中順利當選。我想，未來或許不是來吃吃飯、聊聊八卦就行了，而是有些正事要幹了。

經過半年多，終於要開執監委會了，討論一些重大工作，主要是確定明年的「北京行」概要。

這次會議我在現場分發一份大陸空軍上校戴旭「醒世危言」一文，這篇文章有點長，已在網路上流傳一陣子。該文主要剖析以下問題：（一）中國能否擺脫下一場戰爭劫難、（二）戰爭就要來臨我們還在沉睡、（三）中國正面臨第三次被瓜分、（四）中國尚未意識到的危機、（五）美國已對中國完成「C形包圍」。我發現，戴旭是有大歷史眼光和大戰略思維的人，中國要多幾個這樣的人，中國夢就更可靠的可以實現了。

爲宣揚戴旭思想，喚醒更多的中國人，我曾在自己編的一本書《爲中華民族的生存發展進百書疏》（文史哲出版，見書末作者出版目錄），將該文列爲附件，本書不再重列。（陳福成補記於二〇一三年十月底）

第 4 章　中國全民民主統一會

會員代表大會
評議委員會　開會經過
執監委員會

時間：二〇一四年元月十一日
地點：天成飯店（忠孝西路一段43號）
主持人：會長王化榛　記錄：陳福成

壹、秘書長吳信義報告：目前到會出席自六十人，等一下有後續到達參加的，現在按議程報告，首先請會長致詞。

貳、王會長化榛致詞、報告：

一、這是第二次代表大會，自從上回執監委選舉，有一批較年輕的新血進來，我感到很欣慰，長期以來我爲本會的年青化很傷神。現在年輕輩能加入本會，對本會未來發展是有利的。

二、本會目前規模雖不大，但在兩岸許多政治團體中，也漸漸受到重視。這幾年，凡有關和平、統一交流活動，我們都受到邀請，我個人每年大陸都去了好多回，代表大家說出真話。

三、我曾在幾個重要會議，大陸高官也在現場，我說「不要一味打壓」「台灣人爲什麼要搞台獨?因爲長期受到打壓，沒有當家作主過，現在有機會作主，你們又來打壓，台灣人當然不同意。」我告訴他們，「要有耐心，用和平方式逐漸發展，慢慢達成統一，才合鄧小平的遺志。」我也告訴他們，不要訂統一時間表，那一定造成很大傷害。

四、最近習近平有新的看法，他也認爲「目前兩岸這種不統不獨現狀，不能一代代傳下去。」好像又要訂統一時間表的意思，令人担憂。台灣內部又四分五裂，朝野不同國，連國民黨內部也不團結，非常危險！

五、我今年八十八歲了，一定要有人來接班，本會才有活動能力，才有明天，否則不久成泡沫就沒有了。有人來接我位子，不必等下次選舉，我明天就把會長讓出來，這樣本會才有希望。

參、工作報告（秘書長吳信義代報告）：

去年本會也做了很多事，會長也跑了多次大陸，有時我陪著前往，現在把去年（二○一三年）重要工作，條列如下：

1. 2月22日赴嘉義參加嘉義分會會員大會（吳秘書吳信義同行）
2. 2月23日應新同盟會之邀出席年終晚會
3. 3月3日舉行第七屆第一次會員代表講議要員，執監委員會，並改選執監會，會長副會長。
4. 3月18日將第七屆會員代表大會及選舉結果送內政部核備。
5. 4月1日將當選証書分批寄出，部份於例行集會中親閱送交。
6. 4月29日參加由許老爹召集之各政治團體促進中華民族和平統一聯合會
7. 7月2日參加澳門和平統一促進會訪台在澳門駐台辦事處舉行之文化交流座談會
8. 7月7日參加由黃埔四海同心會所舉辦之七七事變紀念活動

9. 7月11日應內政部函囑補報一〇一年度財務報表（按本會3月3日代表大會時，已將上年度財報併會議紀錄報部，內政部要各項表冊）

10. 8月11日應大陸和平統一促進會之邀出席全球華人華僑和平統一促進會會與會（第十二次會）會議赴瀋陽、撫順參觀製造潛遁機工廠及滿清發祥地

11. 期間開始籌備第二次執監委員會，並與北京和平統一促進會協商組團九月二日訪問大陸事宜

12. 9月1日寄出，執監委開會通知單

13. 10月5日應邀參加中華民族團結協會所舉辦之民族團結中華復興論壇本會共有國人代表與會。（會中有二岸各地等代表共同參加）

14. 10月7日應澳門和平統一促進會之邀，到澳門出席民族團結及中華復興論壇本會五人代表參加每人撰論文一篇開會中發表。本人被指定爲分組討論召集人並任總結會中報告分組討論各人發言重點

15. 10月12日在天成召開本原執監委第二議會，討論組團訪大陸事宜

16. 11月下旬，開始積極籌備召開本屆第二次代表大會。

17. 12月19日會長與秘書長應邀出席促進中華民族和平統一政治團體聯合會發表宣言

18.今年新入會人員二十人（台北十人屏東七人嘉義三人）

肆、馬鳳姿財務報告：

中國全民民主統一會財務報告表

民國102年1月1日起至民國102年12月31日止

上期結餘72,899元

本期收入：92,000元

入會費：8,000

常年會費：61,000

贊助餐費：23,000

支出98,285

郵資：2,540

文具影印紅布條等2,911

印刷費11,830

餐費75,130

酒 5,874

結餘：66.610（銀行存款41,477 現金：25,133）

伍、王會長補充報告：

一、「服貿」印刷業爲什麼反彈？沒道理，台灣的印刷業不論紙張、技術都比大陸進步，不怕競爭。問題出在政府的說明、溝通太爛，老百姓弄不清楚，馬政府的官員只會寫學術論文，人民都不懂當然要反彈！

二、理容業、百貨業等服務業，台灣的服務品質也比大陸好太多。可以走進任何一百貨公司，在台灣你去看三件衣服都不買，服務小姐會說：「對不起！我們沒有你要的，下回我們會改進，歡迎再度光臨！」在大陸服務員是一臉不高興的問你：「到底買不買？」或「你買得起嗎？」所以台灣的服務業也不要怕大陸來競爭，大家反彈也是政府的溝通問題。

三、大陸目前復興中華文化很積極，政府和民間都比台灣積極，全世界各地成立很多「孔子學院」。反觀台灣，民進黨搞「去中國化」，把各級學校的中國文化重要經典刪除，馬政府上台六年了，爲何不恢復？難到馬英九搞「獨台」不成？

陸、文宣部主任林秋娟報告：

全統會要發展，許多文宣工作一定要用「臉書」，還有「賴」，功能很大，可以把訊息傳到全世界，這些現代科技產品，大家要練習使用。

柒、組織部楊博宇報告：

現在正在招收一批35-45歲的人參加全統會，目前各種政治團體的發展都有困難，希望我們能做出一點成績，對兩岸交流、統一有一點貢獻。

捌、勞政武博士講話：

一、這個會當初有兩萬多人，現在人雖不多，但我以爲能堅持至今，已是成就。想想多少已經陣亡的，王會長能領導這麼多年，堅持至今是很了不起的。

二、早在民國初年，滕傑將軍知道日本要亡中國，後來創「藍衣社」，促使高層知道國家危亡，他是了不起的人。他的傳記放了三十年至今未出版，是很可惜，是國家民族的損失。

三、滕公於民國三十七年危亡之際，受命任南京市長，爲後來轉進台灣做出重大貢獻。他的歷史是國史的一部份，要設法出版滕公傳記，否則快沒機會了。

四、很多人以爲國民黨失敗了，這是天大的錯。大家想想，共產黨爲什麼丟掉馬列主義這雙破鞋，現在的「中國式社會主義」就是國民黨的三民主義，共產黨現在快成爲國民黨了，這難到不是國民黨的勝利嗎?中共現在也向中華文化靠攏，以復興中華文化爲已任，反而是台灣，快成爲中華文化的邊陲，很叫人憂心。

五、我後來才了解，滕公一生行菩薩道，他講「服從」是捨己爲人，也如聖賢那種「捨生取義」的精神。所以一定要出版他的傳記，請郝伯村先生主持，他們是很好的朋友。

六、滕公成立全統會是爲對抗李登輝的台獨思想，「全民民主」是三民主義的民主。中共講階級民主，美國只講資產階級民主。

七、滕公最後的遺言是「寧共勿獨」，所謂「寧共」就是寧可和共產黨合作，完成中國統一的使命，也不可去搞台獨（獨台也不行）。故，寧共是民族功臣;台獨或獨台，都是民族的罪人，就像今天台灣獨派這些人，不論誰都是罪人，更是炎黃的不肖子孫。

玖、新黨主席郁慕明致詞要點：

一、到目前爲止，我們堅持國家、民族利益的人，都老了。我們可以從家庭教育著手，但老人家說，兒女都管不住了！

二、今天台灣的民主，那些無恥的政客都用不法手段騙得選票，但法律都不管，如謝長廷和陳菊，用造謠中傷對手，這是民主政治嗎？

三、我們是忠誠的國民黨員，不想組新黨。當年吳伯雄那些人已經打算把中國國民黨，改成「台灣國民黨」。有我們新黨看管，只要他們有種改成台灣國民黨，新黨馬上改成中國國民黨，他們終於才不敢改。

四、今天的立法院三個黨，民進黨、台聯和親民黨，都沒有民族意識，國民黨也快完了，國家那裡有前景，連對「中華民國」，也有一九一二、一九四九和一九九六的三種註解。三種觀點的大陸政策都不同，一九一二是「和共」，一九四九是「恐共」，一九九六是「抗共」。我們光叫台灣，不要中華民國正合中共之意。

拾、餐會後「北京行」的決議、抽籤：

一、保障名額：會長王化榛、副會長葉國勝、秘書長吳信義、特約記者陳福成、財務馬鳳姿、丁夏蘭、袁純正、林秋娟。

二、抽中人員：趙良林、王燕文、姚希賢、宋子平、王守誠、李宏春、陶明潔、吳元俊、吳珠延、董月娥、陶增珊、徐味真。

三、後補人員：上官百成、余明鳳、滕則權、費玉棠、察世榮。

（以上人員有私下交替者未在此記）

補記：

參加北京行的成員和天數，在未來的兩個多月中，因各項因素影響，成員、行程、時間都有所改變，可詳見第二、三篇相關章節。

大約從去年底，我即有所構想，要幫全統會寫（編）一本書，使全統會的歷史不盡成灰。往昔因沒有專人整理出版，下一代人要到圖書館找全統會史，便全空無，因爲不正式出版，沒有 **ISBN**（國際統一編碼）。圖書館不典藏。爲此，我才開始正式記錄本會一起活動，留下一些歷史，相信這也是每位全統會成員所希望的。

二〇一四年三月我參加北京、天津行，全程我盡可能做較完整的記錄，均見第三篇「北京天津行日記」。（陳福成、補記於二〇一四年四月）

第二篇

北京、天津行準備

贈紀念牌

國台辦前合影

第5章　北京・北平・故宮・長城

——我們先祖走過風華的腳印

河北省在吾國人文地理上，一向明確的概念是黃河以北的平原，因地緣戰略上有重要地位，故從唐堯時代至近現代，都是政權爭霸之「戰略要域」。

秦漢隋唐以來，平邊境外患、征高麗，都以河北為大腹地支撐整個戰局；宋金之戰，河北是重要後勤基地。元設大都於燕京，明清兩代設都北京。所以從我國歷史發展看，河北省（直隸省）是中國的政治重心；從廿一世紀全球地緣戰略觀之，河北是我國最重要的戰略要域。

這樣重要的地方，自然有很多古蹟、文化、風物等。例如涿州是黃帝戰蚩尤的古戰場，有燕太子丹饗將軍樊於期遺址，桃園三結義故址，荊軻獻秦王的督元陂，劉備的故里，燕昭王千金招賢的黃金臺，樊於期館，高漸離故宅等。小小涿州一地，古蹟風物已非萬言所克罄述。

故宮以外舊都有四大壇（天壇、社稷壇、先農壇、地壇），天壇是天子祭天之所，有世界級的建築藝術，公園中的太掖池極有特色；北海池水來自玉泉，瓊華島的白塔飽覽紫禁城全景，到處亭閣樓臺，無不稱奇。

玉泉山是西郊名勝，林樹翠綠，峻嶺迴坡，山雖不大，風光無限。頤和園是滿清最昏庸的女人慈禧養老之所，拿建設海軍的巨款建私園，可見清末之腐敗已極，甲午一戰堂堂大中國敗在小日本鬼子倭寇之手，也就不足怪了。可憐的是台灣經倭人五十年殖民，至今仍存活一批媚日漢奸（如李登輝、陳水扁等獨派）；更嚴重的，許多台灣人至今仍懷念倭人當主時的「建設有功」，在「311 天譴」時捐款近百億給倭人，可見台灣人奴性多嚴重，許多人至今仍不知道「我是誰？」慈禧這個老女人也是禍首之一。

頤和園去西山不遠，由香山起即入西山勝境，西山別名小清涼山，春則姑蘇之鄧尉，秋則金陵之棲霞，古寺白塔，青靄相間，碧雲寺即有孫中山先生衣冠塚。凡此，盡是詩章，到處畫意。

六百年京華風雲，歷朝歷代盡滄桑，明朝的十三陵都是人世之奇，慈禧大墓早被掘盜，屍骨俱焚，算是天道亦有道。

北平素爲文教區，遼、契丹、金、元朝代都長期佔領北方土地，如石敬塘以燕雲十六州割遼以自保，但他們都在不久被「漢化」了，成爲中華民族的一員，在北平很容易體會到中華文化這種力量。

「北京」和「北平」稱謂也有歷史源流。「北京」一辭在地理上較複雜，唐代以太原府爲北京，金熙宗以臨煌爲北京，明太祖以大梁爲北京。故宮所在的北京，始於燕王明成祖，他改應天爲南京，定都北京。

「北平」一辭，秦漢時設右北平郡地，晉隋設北平郡，唐屬河北道，遼置爲南京，宋置燕山府，金朝爲中都，元爲大都。明初改北平府，永樂中改順天府。清代沿用北京，民國十七年國民政府定都南京，改北京爲北平。

現在故宮的規模，始建於元代。至元元年（一二六四），改燕京爲中都，大建宗廟宮室，前後十一年規模大俱，地點約在北海太掖池、圖書館、集靈囿一帶。大明興起毀元舊都，洪武三年（一三七〇）夏四月封子九人爲王，冬十一月大封功臣。永樂八年（一四一〇）紫禁城竣工，十四年冬十月遷宮北京，進一步由泰寧侯陳珪督建宮室，大光明殿、慈寧宮、萬壽宮等，到嘉靖朝才完工。

清代宮室沿明制，順治、康熙兩朝再擴建，如乾清宮、太和殿、中和殿、太廟等故宮精華均是。至此，今人所見故宮乃成，是中國偉大的建築藝術，亦象徵明清兩代六百年興亡歷史。

故宮內部可分朝典、議政大殿內殿、皇帝內廷、皇室寢宮、宗廟內苑。其中三大殿爲帝室金鑾主殿，用於慶典朝覲，規模氣魄都超越世界現存所有宮殿；文華、武英二殿在清末爲軍機大臣辦公處所，今故宮博物院以此二殿爲主體，文華殿文淵閣儲四庫全書所在。

乾清宮是皇帝親政的內廷所在，聽政賀宴召見均在此。懋勤殿是光緒變法議政的地方，可惜失敗，康有爲、梁啓超等得免於難，譚嗣同、楊銳等皆斬於市。

太廟在紫禁城外，天安門左，與社稷壇相對襯，後改中山公園。太廟初建於明，清代沿用，不亞於十三陵。

不見長城不知中國山川形勢之偉大，今人說秦始皇築萬里長城，其實半錯。始皇之前早有各國長城，秦不過把各段連接起來，使成一體。本文以下圖照約攝於八十年前，用於今昔對照，以窺北京進步，今昔之別如参商。

山海關 位於萬里長城之東端，昔時有天下第一關之稱。

居庸關 ——在京西昌平縣，關口爲古太行山八陘之一。明將徐達守南口，爲守故都的要隘。平綏路由南口經八達嶺而至居庸關。大有一夫當關，萬夫莫逾之勢。

南口駝鈴——南口是經八達嶺入居庸關的一大市鎮，平綏路通車後，商賈輻輳。在青龍橋車站立有詹天佑銅像。此一深徑，仍有駝鈴之商隊，往來於宣化張家口間。

居庸關之箭樓

左上、故宮正大光明殿
左下、故宮五龍橋
右上、太和殿前九龍玉陛
右下、太和殿前銅缸

故宮五龍橋——由午門至太和外殿，有金河繞正殿，築五龍橋，雕欄玉砌，精美無比，巧奪千層，盤龍無數，旁列金獅銅鶴，氣象非凡。

古北口 ——在舊北京之北，爲守衛北平的重要戰略據點。俗稱虎北口，在密雲縣東北，關門鑿山而過，山勢險要，現已鐵路暢通，接連內外蒙熱河及東北地區。

由古北口望蠻山

故宮宏義閣

武英殿

六宮內右門

「德洽六宮」匾額

翊坤宮

慈禧住過的房間

紫禁城御花園 萬春亭

頤和園 在北平郊外，山名萬壽山，湖名昆明湖，為清西太后所遊之離宮。慈禧將興辦海軍之經費移建成此園。

天壇

上・頤和園樂壽堂，爲光緒寢宮　　下・諧趣園

頤和園排雲殿佛香閣 ——頤和園是現存帝室中最完整的名園，山川亭閣，寺院樓臺，無一不俱。由長廊沿湖至排雲殿，為園中主殿，一流氣派。

上・頤和園之銅獅
下・頤和園釣魚台

北海承露盤，白玉石雕美女捧玉露

北海橋牌坊——正名金鰲玉蝀橋，在北平圖書館旁，牌坊有貼金額「金鰲」及「玉蝀」橫亙於太液池上，左北海，右中南海，以此爲界。

北海公園漪瀾堂遠眺——漪瀾堂爲北海瓊華島的精華所在，上有白塔，下有石洞雕刻，繞此弯形長廊，品茗渡舟，各有風趣。

北平前門及箭樓——前門卽正陽門，前卽箭樓，今改駐軍館。元時稱爲高麗門，只有巴黎香榭大道之凱旋門，差可比擬。

北平城墻角樓及駱駝行旅

右，燕京大學之校園——舊京西郊，有二大學府，即在圓明園舊址的清華大學，及海旋的燕京大學，爲美國教會所創辦，其末任校長即司徒雷登博士。

下，東陵鳥瞰

北平香山琉璃塔

文天祥祠——在舊京學府胡同，有齊賢坊大牌樓。此處係明代之柴市，即文丞相授首處。讀聖賢書所爲何事，還之高正氣歌的忠臣，爲後人所崇仰。

煤山崇禎殉國處

又稱景山，在紫禁城神武門北。崇禎於李闖之亂自縊於景山東麓旁之海棠樹。

文天祥塑像

下・河北趙州古橋

右・北平靈光寺塔
下・玉泉山塔

西山碧雲寺——爲香山第一大名勝，爲元耶律楚材後裔捨寺。大殿仿杭州淨慈寺，塑造五百羅漢，栩栩如生。民國13年（1924A.D.） 國父中山先生曆靈於此，奉安復設衣冠塚。一代巨人，爲人瞻仰。

北平南海瀛臺

北平社稷壇今改為中山公園

第6章 北京、天津行前會議

三月二十日下午三點，參加北京行的全統會員，在翔順旅行社（台北松江路80號）召開行前會議，會長王化榛主持，旅行社董事長王魁元做行程報告。

會長化公在會中略說本會兩岸交流的意義，我們屬統派團體，在台灣有很多統派團體，我們算規模較小的，但我們有我們的重要性。例如，多次訪問大陸都有很好的效果，建議大陸不要訂「統一時間表」，他們聽進去了，這對兩岸有正面發展的價值。

化公也表示，中華民國或馬政府都已偏離統一的核心價值，不能代表有統派的心聲。因此，我們的存在就更重要了。只可惜我們礙於各種原因，組織規模始終很難發展壯大，這也是沒辦法的事。這次主要任務是參訪，對方安排的參觀大多不開放的，所以很珍貴。

王董事長的報告主要針對行程、食宿、安全等項目（均如後表），多數人是大陸常客，大概只有我最少到大陸旅遊。這是我的第七回。

上官百成也在會中分發「八百壯士」相關資料，並略說他的人生大業。我把百成兄幾次的資料，分別整理成本書附件四，也算是一種宣傳。

本次會議簽到如後，部份先到北京相約見面，全體二十人的會員編組如表。散會前會長叮嚀，按時到天成飯店集合，逾時不候。

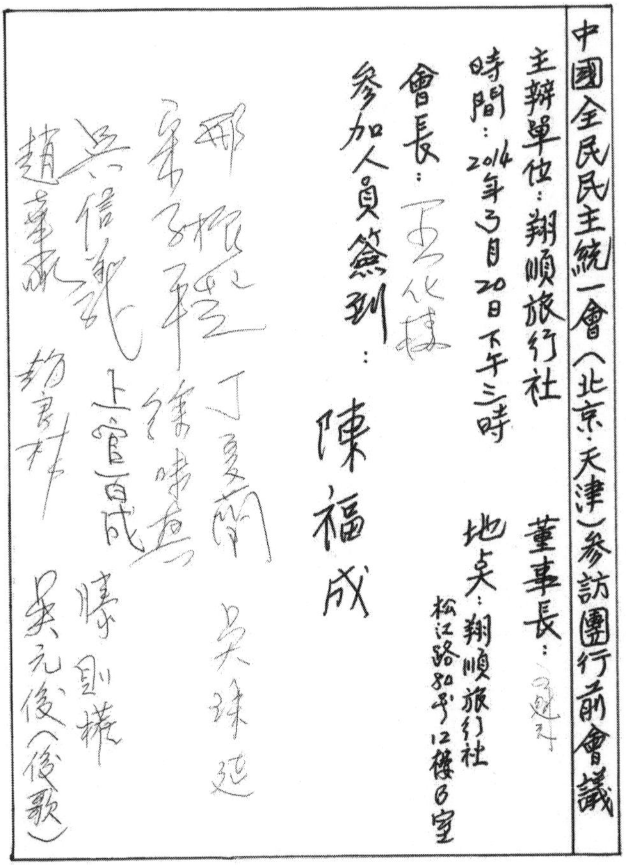
中國全民民主統一會（北京．天津）參訪團行前會議

主辦單位：翔順旅行社　董事長：

時間：2014年3月20日下午三時　地點：翔順旅行社 松江路80號12樓6室

會長：

參加人員簽到：

陳福成

上官百成

吳元俊（俊歌）

中國全民民主統一會(北京、天津)參訪團6日

參訪單位	中國全民民主統一會	聯　絡	王魁元 先生 手機:0936-178-838		
集合時間	103年3月25日 / 上午: 06:20 am集合 / 上午06:30 am 準時開車 (逾時不候)				
集合地點	天成大飯店 (台北市忠孝西路1段43號) 自行前往者: 請於07:30 桃園第二航站長榮櫃台 報到				
去程航班	桃園→北京 BR716	起飛時間	09:25	抵達時間	12:40
回程航班	天津→桃園 BR729	起飛時間	13:50	抵達時間	16:45

天數	6	行　　程	餐　　廳	旅館或同級
第一天		桃園→北京 BR716 09:25／ 12:40		西單美爵酒店 地址:北京市西城區宣武門內大街6號 TEL:10/66036688
3月25日	(二)	搭機赴京 12:40 參訪團抵達 16:00 拜會中國和平統促進會 18:00 中國和平統一促進會歡迎晚宴	早餐: xxx 午餐:機上 晚餐:大會提供	
第二天		北京		西單美爵酒店 地址:北京市西城區宣武門內大街6號 TEL:10/66036688
3月26日	(三)	07:00 早餐 09:00 拜會國台辦 10:30 參觀中關村科技園區 14:00 參觀中關村高新技術企業 17:30 自助晚餐	早餐:旅館 午餐:大會提供 晚餐:大會提供	
第三天		北京		西單美爵酒店 地址:北京市西城區宣武門內大街6號 TEL:10/66036688
3月27日	(四)	07:00 早餐 08:00 赴北京掛甲峪,參觀新農村建設 15:00 參觀中國樂谷 17:30 拜會北京市黃埔軍校同學會 18:30 北京市黃埔軍校同學會宴請	早餐:旅館 午餐:大會提供 晚餐:大會提供	
第四天		北京／天津		天津友誼賓館 地址:天津和平區南京路94號 TEL: 23310372
3月28日	(五)	07:00 早餐 08:00 乘車赴天津 10:30 參觀天津泰達經濟開發區 17:00 拜會天津市黃埔軍校同學會 18:00 天津市海外聯誼會、天津市黃埔軍校同學會宴請	早餐:旅館 午餐:大會提供 晚餐:大會提供	
第五天		天津		天津友誼賓館 地址:天津和平區南京路94號 TEL: 23310372
3月29日	(六)	07:00 早餐 08:30 參觀天津空港開發區 14:00 參觀中國近代軍史館、天津規劃展館	早餐:旅館 午餐:大會提供 晚餐:大會提供	
第六天		天津→桃園 BR729 13:50／ 16:45		溫暖的家
3月30日	(日)	07:00 早餐 10:30 出發赴天津機場搭機返台，抵後專車接返臺北(天成飯店)，在祝福聲中，互道珍重再見，劃下美好的回憶。	早餐:旅館 午餐:機上 晚餐:溫暖的家	

中國全民民主統一會2014年北京、天津參訪團名單						
(暫定)航班：3/25 長榮航空BR 航班716 桃園/北京 桃園起飛時間 09:25 北京抵達時間:12:40 3/30 長榮航空BR 航班729 天津/桃園 天津起飛時間 13:50 桃園抵達時間:16:45						
NO	全統會職稱	姓名	性別	出生年月日	學歷	經歷
1	會長	王化榛	男		中央警官學校正科高研班	北市警局副局長、國大代表
2	執行委員	丁夏蘭	女		國立空中大學	東森房屋仲介副理
3	秘書長	吳信義	男		政戰學校	台大上校主任教官退休
4	顧問	趙華淼	男		政戰學校	少將退役輔道會德安 中心副主任
5	嘉義分會主任委員	袁純正	男		高雄師大研究所	吳鳳科大講師
6	常務執行委員	林秋娟	女		大學畢業	教職員退休、會計主任
7	常務執行委員	上官百成	男		台大、政大MBA	台北市政府公務員退休
8	執行委員	王魁元	男		專科畢業	翔順旅行社董事長
9	常務執行委員	吳珠延	女		日本東京藝術研究所	中學教師、紅十字會監事
10	執行委員	吳淑媛	女		大學醫科畢業	醫師/主治醫師主任
11	常務執行委員	滕則權	男		文化大學政治系畢業	調查局科長、督察退休、公司董事長
12	執行委員	陶增珊	男		淡水商工管理學院	美國花旗銀行協理退休,英艾教授
13	執行委員	宋子平	男		高中畢業	宏榮娛樂股份有限公司 副董事長
14	顧問	邢振起	男		台大夜間部法學院畢業	法律事務所主任
15	監察委員	徐味真	男		中央警察大學	分局長、科長、主任秘書退休
16	會員	趙良林	男		中央警察大學	中華民國消防基金會 董事
17	常務執行委員	吳元俊	男		三軍大學陸軍學院、台北科大	上校主任教官退休
18	執行委員	陳福成	男		政治學碩士	台大主任教官電台主講、雜誌社社長
19	會員	韓董月娥	女		高中畢業	台北市警局交通大隊組員 退休
20	會員	盧秦玉聰	女		師範學校畢業	國小教師退休

第７章　全統會北京、天津參訪拜會陳福成報告

我個人和祖國大陸黃埔同學會有一點因緣（如後信件），這次到北京參訪，安排拜會北京黃埔同學會，也算了一半心願。

全統會此行當然是爲中國統一而來，中國幾千年歷史都是「分久必合、合久必分」。所以，從大歷史看，統一「根本不是問題」，只是遲早的事。長遠看不是問題，但眼前的當下，卻有很多要處理的大小問題。處理兩岸統一問題，要從整個中國的大格局看，而掌控主導和優勢也已經在大陸，不在台灣（含各黨派）。

今（2014）年元月二十二日，總書記習近平先生在「中共中央全面深化改革小組」會議指出，國家發展將面臨五項挑戰：

①維護社會和諧並推進改革難度高、②反分裂、③反恐、④反宗教極端主義任務艱鉅、⑤中美戰略博奕激烈。

將導致周邊環境安全系數下降，海洋利益競爭加劇，嚴重依賴能源資源進口與國際市場須求。同時關鍵技術自主性不足，容易受制於人，以及全球氣候變化與中國生態環境惡化，重大自然災害破壞等。

廿一世紀才第二個十年，吾國崛起之戰略態勢已然抵定，但所面臨的問題風險愈大，爲應對以上重大挑戰並解決統一問題，習近平規劃了八大國家安全戰略。

（一）運用「穩增長、調結構、反貪腐」等措施，鞏固政權和社會穩定。

（二）均衡發展與各大國關係，擴大合作面，管理競爭面，健全金磚五國機制，做大做強新興國家互惠合作，防止被美日西方大國聯手牽制。

（三）經略歐亞大陸，開拓海上絲綢之路，妥善處理日本威脅，增加周邊安全對話語權。

（四）強化軍隊實戰準備，對海洋、太空、網路、極地等領域加大投入，搶占制高點。

（五）扶持戰略產業與自主品牌，減少對外依賴，推進周邊經濟合作機制與自貿區建設，擴大國際經貿規則制定權。

（六）確保網路資訊傳播秩序，整合相關機構職能，形成從技術到內容，從日常安全到打擊犯罪的網路管理能力。

（七）打造中國核心價值觀，改進網路時代輿論競爭方式，主動應對西方價值觀與意識形態滲透。

（八）強化公共衛生和食品安全，預防與有效處理重大疫情，加強災害預防與搶險救災工作，防止極端氣候和重大自然災害引發嚴重破壞。

以上是爲面對「五項挑戰」，所規劃的「八大國家安全戰略」。吾人淺識，第（三）（四）（五）（七）都和統一問題有直接關係，其他也有重大影響，但如何落實完成才重要，習總書記分四階段完成。

第一、自二〇一三年至二〇一七年的五年間，增強國家安全工作能量，爲全面深化改革，保持經濟中高速增長，推進發展方式轉變，創造有利的內外安全環境，穩定拓展海外投資能量。

第二、中共建黨一百年，即二〇二〇年前夕，維護重要戰略機遇期，推進國家治理體系和治理能力現代化，爲實現全面建成小康社會戰略目標，逐步成爲周邊與國際安全環境的塑造者。

第三、建黨百年和建國百年間的三十年（二〇二一年到二〇四九年），促進大陸穩定發展環境，主動塑造國際安全氣氛，增加對國際安全正面貢獻，實現內外安全良性互動，在此期間以適當方式完成國家統一。

第四、二〇五〇年起的本世紀下半葉，實現中等發達國家的戰略目標，成爲週邊安全新秩序的主要建構者，以及國際安全新秩序的關鍵角色。

按習總書記的戰略規劃，統一是在第三階段（2021至2049）完成，這似快似慢，最快八年，最慢三十六年。兩岸在「八二三砲戰」後，毛澤東說過一句話：「別打了！他們跑不過一百年，還是要回來。」確是，中國歷史分久必合，合久必分。吾人期待，未來統一後，永遠不要再分了。最後代表全統會小結：

一、全統會在台灣雖非很大的政治團體，長江巨流也是很多細流而成，我們永遠爲中國之統一大業，盡一分心力。

二、大陸對台灣的「用力」，要以「軟實力」（文化、民族、經濟等）爲主。在我看來，軟實力才是對台獨最大殺傷力，統一的最大助力。

三、習總書記的「八大國家安全戰略」，若能逐一落實，台獨自然消亡，也等於是國家統一的「水到渠成」，何須用兵？

補記：

總書記習近平先生提到「五項挑戰」之一的「中美戰略博奕激烈」，及「八大戰略」中的「防止被美日聯手牽制」和「妥善處理日本威脅」，這些除了和統一有牽扯，事實上日本是中華民族「永恆的敵人」，只要打開歷史，仔細深思明萬歷「中日朝鮮七年之戰」→「甲午戰爭」→「八年抗日之戰」，就會知道，日本人的歷史天命就是「消滅中國」，他們的高層知識份子代代都有此認知，教育他們的子民。反觀咱們中國人，知道倭人有此野心者不多。故，我特寫《日本問題的終極處理》一書，也帶來贈大家參考，希望在神州大地廣爲爲流傳，警示每一代的中國人。

再補記：

《日本問題的終極處理》（台北，文史哲出版，二〇一三年七月）一書，闡揚日本從織田信長和豐臣秀吉（十六世紀）時代，提出「消滅中國」爲大和民族之歷史使命後，即先後發動了三次「消滅中國」之戰，第一次明萬歷「中日朝鮮七年之戰」、二次「甲午戰爭」及三次民國「八年抗戰」，及無數次小型戰爭，死亡總人數三億以上。

日本人就像一個「習慣性強姦女人的性侵犯者」，源因於武士民族天生的侵略性。

因此，所謂的「大和民族」，其實是地球上唯一不應存在的物種，必須盡快「處理掉」！

我在該書提出有能力完全處理這個人類的劣種，只有廿一世紀的中國人，我主張用五顆核武，以迅雷不及掩耳之勢，即可消滅七成以上倭島之有生力量，再收爲「中國扶桑省」，永保亞洲及世界和平。

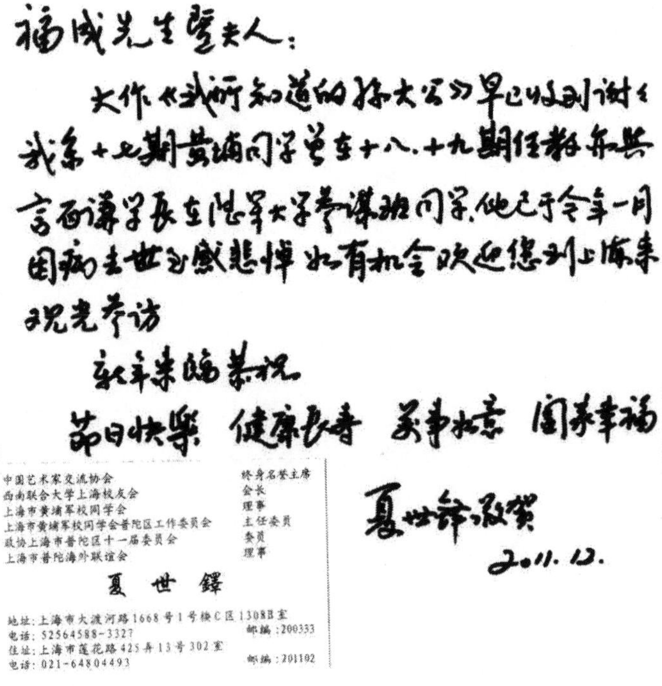
福成先生暨夫人：
大作《我所知道的孫大公》早已收到謝謝
我系十七期黃埔同学曾在十八、十九期任教 孫與
言西讲学長在陸軍大学参谋班同学，他已于今年一月
因病去世，甚感悲悼。如有机会欢迎您到上海来
观光参访
新年来临恭祝
節日快樂 健康長壽 萬事如意 闔家幸福
夏世鐸敬賀
2011.12.

中国艺术家交流协会　终身名誉主席
西南联合大学上海校友会　会长
上海市黄埔军校同学会　理事
上海市黄埔军校同学会普陀区工作委员会　主任委员
政协上海市普陀区十一届委员会　委员
上海市普陀海外联谊会　理事
夏　世　鐸
地址：上海市大渡河路1668号1号楼C区1308B室　邮编：200333
电话：52564588-3327
住址：上海市莲花路425弄13号302室　邮编：201102
电话：021-64804493

江苏省黄埔军校同学会

福成先生大鑒：

首先感谢赐寄《我所知道的孫大公》大作。二〇〇一年　大公学長率「黃埔校友旅美訪問團」作「溯源之旅」来南京晋谒孫中山先生陵寢，由江蘇省黄埔军校同学會接待，有緣相處交流數日，欽佩　大公学長愛國愛民族精神，惜時日匆匆未儘暢談，此後雖每年均互致年卡贺歲，今獲　先生大作，拜讀之餘得以全方位認識　大公学長，确為副题：为中華民族再添一抹光彩。

弟為十五期第大總隊校友，抗战爆發時在南京国立中央大学實驗中学讀书，为抗日救国投筆從戎。抗戰勝利后任職于国防部二廳，時代變遷，但坚持愛国愛民之心

地址：南京市北京西路 30 号宁海大厦 1910 室　　邮编：210024
电话：025-86631261（传真）　83321128-1910　86636376

江苏省黄埔军校同学会

未减。大工学长與弟所處有異，但愛國
爱民之心互通，親愛精誠校訓互遵。
世界潮流奔湧向前，順之者昌，逆之者亡。
馬英九執政以來，兩岸關係好轉，我
黄埔校友流血換取台灣光復，豈許"獨立"?!
和平统一乃當今潮流，願我黄埔校友
努力奮鬥以求早日實現。然否？

再次感謝！祝

安康！

学弟 張修齊 敬禮！

二〇一一年五月十四日于南京.

地址：南京市北京西路 30 号宁海大厦 1910 室　　邮编：210024
电话：025-86631261（传真）　83321128-1910　86636376

上海市黃埔軍校同學會

福成校友：謝謝您寄來
大作，以我所知道的孫大公兄。
孫大公校友曾來上海訪，
我們還曾一起在外灘觀
看錦江的夜景。收到大作，
使我感到很親切。我們
正在為我們共同的目標
是我們都熱愛祖國統一
致我們的祖國實現和平統一。
歡迎到上海來走走。這樣
不多寫了，祝
全家幸福

郁化
2011.5.7

第三篇

北京、天津行日記

回程在天津機場

三兄弟在天津「狗不理」

第 8 章　第一天・出發，拜會中國和平統一促進會

上午，台北天氣好，北京天晴霧濛濛

天氣預報，台北和北京天氣很好，不冷不熱，只是北京的天空依然灰濛濛一片，不知何時可以改善？要成爲現代化世界級大都會，這是個大問題。

六點三十分：所有會員已在天成飯店集合到齊，吳秘書長點人頭到齊，王董點貨到齊，會長宣佈上車、出發，到桃園中正機場二航廈。

今天機場人很多，大排人龍，花了一個多小時辦完手續，大約九點半的長榮班機到北京。我因少出遠門，看到這種有十排座位的大飛機難免驚奇，我從十年前一次歐洲行算「出國」，這次大陸來第七次，按兩岸官方定義，台灣到大陸即非「出國」，也不像「回國」，而只是國內的「出省」。

機上座位不很舒服，睡覺、看報，有人的聲音傳來「馬航找到了」。我無聊，拿筆寫下心中突然閃出的靈感，〈尋覓一條路〉，詩曰：

這輩子打著燈籠到處找
三江五嶽
兩岸三地
天涯海角
想找一條路
一條可以統一炎黃子民的大道

茫茫神州無消無息
慢思的雪花飄成白髮
祖父子孫幾代摸索
如今總算看到一條統一之路的影子
投射成天邊美麗的彩雲

雲彩的影子也還感到安慰

中午，北京首都機場

中午十二點四十：飛機到達北京首都機場，我第一個感覺是「大」和現代水準。但出關檢查卻分「中國公民」和「外國人」兩個通關口，台胞適用於「外國人」，這和兩岸「一中」政策豈不矛盾。爲何不讓台胞適用「中國公民」？合理合情，也合於吾人這回到北京「搞統一」之本旨。

下午，拜會中國和平統一促進會（黃埔軍校同學會）

下午二時：終於走出首都機場，接待的人已等候多時，在前往酒店的路上，負責接待的小李（李務起，黃埔軍校同學會台港澳聯絡部幹部），除了介紹北京一些歷史文化，也介紹這次接待全統會的對口，主要是黃埔軍校同學會秘書長杭元祥和副部長方新生二位。

三時進住北京西單美爵酒店（北京市西城區宣武門內大街六號），前三天我們住這裡，稍微小憩，四時前往中國和平統一促進會（與黃埔軍校同學會，是兩塊牌子，一個班子，位於北京丰台區南三環中路趙公口小區 20 號，以下行文均簡稱「統促會」）。

大約半個多小時，約五點就到了統促會，秘書長杭元祥已在門口迎接，大家相互介紹、照相，閒聊一陣，便在會議室開始一個多小時的「非正式會談」座談，兩會報告、講話人及內容略記如下。

統促會秘書長杭元祥致詞：歡迎台灣「全統會」各位好朋友來訪，我和會長化公、吳秘書長都是老朋友了，能在北京見面真是很高興。長期以來，兩岸在「九二共識」和「反台獨」前提下，建立了很好的交流平台，促成現階段兩岸和平發展的好成績，替未來和平統一打下深厚基礎。目前全球中國人每年在各地促成統一活動，形成一股很大的力量，統一是全體中國人的期待，希望我們大家持續努力，完成中華民族和平統一的使命。

全統會會長王化榛致詞：感謝杭秘書長這次的邀約，這是一次不尋常的參訪，我們專看一般團看不到的地方。過去八年，我每年受邀來北京參加促進統一活動，也參加全球中國人的促統會，每次參訪都有不同感受，深感我們中國人的時代來了！因此，我們全統會贈貴會及其他單位的紀念牌如下（兩會照相留念）：

從和平發展
到和平統一

為民族復興
共圓中國夢

中國全民民主統一會
會長王化榛 敬贈
既全體會員
二〇一四年三月廿五日

全統會會員陳福成書面報告（如第七章）

全統會會員滕則權報告：（一）我伯父是黃埔四期滕傑，他早年發現日本「三月亡華」並非口號，而是做了幾十年的準備，但中國人沒有警覺到，到「九一八事件」時，蔣公仍不打算對日宣戰，主要是國力不足，到七七事變，我們才被迫不得不打。（二）一九三四年蔣公發起「新生活運動」，提高人民的生活素質，把中華文化生活化，在人民生活中俱體呈現，這是一種精神戰力。（三）孔孟思想爲核心價值的中華文化，是中華民族永恆的「寶產」，是中華民族最重要的立國精神。（四）金門在兩岸對峙及內戰時期，受傷最嚴重，二〇一五年是金門建縣百年，建議大陸在金門捐建一座孔廟，也算對金門的善意回報。（五）長久以來兩岸並未簽訂「停戰條約」，以致現在仍是戰時，建議大陸能主動出示善意，正式宣告戰爭結束。

滕則權先生報告另見附件三，他的建言對兩岸和平統一有重大意義，期待能得到兩岸領導階層的重視。

全統會會員邢振起報告：目前兩岸和平統一的腳步太慢，台灣政局太亂要先解決。我來大陸前，我朋友託我向貴會建議，兩岸和平統一要快快完成，台灣才有救。

全統會會員徐味眞報告：海峽兩岸三地共同打擊犯罪執行成效，詳見附件十一。

全統會會員上官百成報告：（一）一九七六年我寫《八百壯士》，希望兩岸發揚八百壯士精神，中國不會亡。（二）建議兩岸合拍「八百壯士」電影或連續劇，使人民在生活中養成民族精神。（三）「珍珠港事件」美國人死了二千多人，他們的珍珠港事件紀念館很成功、很用心；反觀我們，上海淞滬之戰死了幾十萬人，啥館也沒有，中國人真是命不值錢。

上官兄的報告內容，我整理他所分發的資料，及根據我對他的理解，製作成附件四，請讀者詳閱。

第9章 第二天，拜會國台辦、參觀中關村科技園區

上午、北京好天氣，拜會國台辦、中關村科技

早餐後，八時三十分大家準時上車，前往國台辦（位於北京西城區廣安門南街六之一號，國務院台灣事務辦公室，與海協會是「兩塊牌子、一個班子。」）車行約一小時，國台辦交流局副局長王冰和副處長蕭洪，二位已在門口熱情迎接。

拜會過程同昨天，照相、致詞、會員報告等，過程愉快，雙方如同一家人，沒有語言障礙。本文僅記雙方領導的致詞要點。

全統會會長王化榛講話要點：（一）我來大陸很多次，從當國大代表開始，就常帶團來大陸參訪。（二）我們全統會是台灣第一個以「統一」之名的政治團體，早在滕傑時代發現李登輝的台獨傾向，就成立了本會。（三）目前許老爹（許歷農）也試著整合

所有統派團體，統派看似聲音不大，動作不多。其實台灣人民半數以上是反台獨的。（四）目前「反服貿」運動的學生總指揮，是蔡英文的幹部，根本是獨派在策動。（五）「反服貿」造成這種局面，馬英九也有問題，他不沾鍋，因而不運用情治系統，完全不能掌握訊息，很可惜。（六）當年民進黨提出「政黨退出校園和媒體」，國民黨天真的相信了，國民黨退出，而民進黨乘機進去。國民黨自己放棄陣地，很可惜！很不智！

國台辦王副局長：（一）我看台灣政局，從李登輝到現在真是很感慨。幸好二〇〇八年後馬英九重建兩岸互信，國民黨高層每年參訪大陸，交換主要議題，取得互信，這都在「一中」架構促成的。（二）兩岸的民間交流也欣欣向榮，雙方互訪、參觀、旅遊均年年破記錄，這也是未來和平統一的基礎，我們再持續努力。（三）國台辦正在研擬，未來兩岸同胞往來手續，還要再減化以嘉惠兩岸三地同胞。（四）服貿本是兩岸互利的事，而且台灣利多，因爲大陸有「讓利」的前提。沒想到如今台灣弄成那樣，對台灣自傷較大，對大陸其實影響不大。（五）台灣服務業比大陸水平高，這是事實，台灣的服務業在大陸大多賺錢。（六）在涉外領域，爲了在國際上不要出現兩個中國錯覺，大陸會比較堅持，二〇〇八年後雙方也配合的很好，也是互信的基礎。（七）台灣各統派團體多年來的努力，獲得相當好的成就，爲國家統一盡心盡力，祖國方面當然也全力配合。

十一時，參觀中關村國家自主創新示範區展示中心：（簡介另見附件五），參觀於中午十二時結束，中餐是國台辦宴請全統會，地點在眉州東坡酒樓（北京海淀區中關村大街廿七號中關村大廈二樓），陪同宴會有北京黃埔軍校同學會的王蘭萍和王研。

下午，參觀百度和清華 X-lab

二時，參觀百度（簡介另見附件六）。百度是幹啥的？我聽「百度」二字，未知其詳，直到這回參觀百度並看了簡介（附件六），才大爲驚訝！中國終於有屬於自己的東西，這是「中國式搜尋引擎」，按中國人的思維邏輯設計開發。俊歌在現場出示他的一首詩，請百度公關專員廖楊搜尋詩中的「西侯度」：

來年　俊歌

曾經　到過西侯度
聽到一百八十萬年的遙遠傳說
似乎比五十萬年前的北京人早一點
走過　舜帝陵　大禹渡

數千年前的事蹟
躍然浮現

如今　年近花甲
陳年往事像雲煙
遇到一陣風
天大的事都已遠颺
即使是　甲午年曾經
或即將發生的事

來年　寰宇風雲
古今多少事　來來去去
不妨　付之笑談中
不要忘了　咱們相約
神遊古人

暢遊來生　啟翔萬方

註：西侯度、舜帝陵、大禹渡位在山西省運城市

二〇一四・元・四

百度搜尋結果，證實俊歌詩中西侯度一百八十萬年前是有根據的。西侯度人（在山西芮城）才是最古老的中國人，比「北京人」早了一百多萬年，幾年前我和信義、俊歌因緣到山西芮城，老友劉焦智先生帶路走訪，才發現了這個天大的秘密，而百度竟也知道這項秘密。參觀於下午三時結束，乘車前往清華大學，參觀「清大創意創新創業教育平台」，他們叫X–lab，這到底是什麼？按簡介資料說法如下。

（一）清華 x-lab 是什麼？

教育平台：創意創新創業人才發現和培養的教育平台

服務對象：依托經管學院，面向全校學生、校友、教師，並以學生爲中心

價值創造：融合校內多種學科、整合校外各種資源、提供商業模式和社會價值實現的方式和路徑

x-lab 中"x"的含義　　x-lab 中"lab"的含義

探索"未知"（unknown）　　體驗式學習（action-learning）

學科"交叉"（cross）　　團隊工作（teamwork）

（二）清華 x-lab 的關注重點：

革命性的創新

技術創新、產品創新、服務創新、商業模式創新、異類創新

推動社會進步

人類健康、環境資源、文化藝術、教育創新

創辦和發展新型組織

經濟組織、社會組織

（三）清華 x-lab 支持學生創意創新創業成長的各類服務包括：

組織和提供有關創意、創新、創業的活動：論壇、比賽、講座、沙龍、參觀、定制項目、研討、交流、作品展示等；

設立各種激勵創意、創新、創業的獎項；

開展團隊接待日、創業伙伴服務、駐校企業家（EiR, Entrepreneur-in-Residence）和駐校天使（AiR, Angel-in-Residence）服務、資源對接服務等；

提供創業學習和實踐場所。

（四）清華 x-lab 對於學生的價值：

學生在 x-lab 的創意創新創業實踐中深化對本專業領域和產業的認識和提高綜合素質。

學生在 x-lab 經常與各院系和校外創業者一起切磋交流，受到創新創業文化和氛圍的熏陶，能夠激發和釋放自身的創意創新潛力。

學生在 x-lab 可以接觸到更多各行並優秀的人，獲得駐校企業（EiR）駐校天使投資人（AiR）、駐校專業人士的指導和幫助，拓寬進入產業的渠道。

學生在 x-lab 可以受益于各種校內、外優質行業和企業家資源的實際幫助，加速自身的成長。

晚上吃過晚飯，八點多，北京天氣有些溫熱。吳信義、俊歌二位師兄提議去逛街，趙華淼學長也同行，我們沿著西長安路閒逛聊天講笑話，信義師兄常說：「給別人快樂是慈悲，給自己快樂是智慧。」所以，我們每天在車上、路上，最常聽師兄講笑話，和他在一起永遠有笑話聽，他的笑話又有啓示性。而和俊歌師兄在一起，可以不必操心會迷路、或丟掉的問題，他有「走過萬里路的經驗」，正好補我和信義師兄之不足！

西長安路很寬，這邊望不到對面的邊，遠望天安門、故宮等，已近深夜，燈火通明，這些古建築在這裡佇立了數百年，眼睜睜的看著無數的人，在這裡演出的歷史悲喜劇，不知有何感想！

第10章 第三天，掛甲峪、中國樂谷、北京黃埔同學會

上午，好天氣，參觀掛甲峪新農村建設

用完早餐，看外面天氣不錯，不冷不熱，帶來一大箱冬天衣至今未用上，天氣好卻未見晴空，一片灰濛濛，這也真是個大問題。

今天上午要前往北京東側的平谷區，參觀新農村建設，距北京市中心不到一百公里，車行約兩小時。杭秘書長和王處長、統戰部的黎賢林也同行，一路上講笑話、論說歷史議題，車裡熱鬧滾滾。

我們沿著平京快速道路（平谷到北京），我注意外面風景，有一望無垠的水果園，導遊說此處特產是桃子。北京市包含很多大小不同的城鎮，高碑店站、吳各庄、打鐵庄……飛逝而過，約上午十點半終於到了掛甲峪，是一個如陶淵明的桃花源般美麗的田園農村。

熱情迎接後，大家先到會議室，相互介紹，座位上寫好的名牌有第一天見到的方新生、第二天見到的王蘭萍、杭秘書長，今日初見劉剛、劉震、張朝起、姜海生四位先生。

平谷區統戰部副部長、台辦室主任劉剛致詞：（一）歡迎台灣的全統會各位朋友來訪，我們簡單說明簡介後，分三組實地參觀農家新建設。（二）在中華民族和平統一大旗幟下，兩岸經多年努力，長久交流，兩岸共識增加了，顧慮減少了，這是和平統一的重要基礎。（三）平谷有最合環保的生態環境，有最古老的歷史文化，黃帝活動的遺址、漢高祖的遺跡都在平谷。（四）台灣的企業如統一、旺旺等，在平谷也有投資，都做出亮麗的成績。

全統會秘書長吳信義致詞：今天一大早會長王化榛先生因身體不適，在酒店休息，由我帶隊代表說幾句話。非常感謝平谷區人民政府、委員會各位先生、女士，給我們隆重的接待，我們一下車見面，大家如同一家人，完全沒有隔閡，這表示多年來兩岸在和平統一交流上，我們確實做出了成績。今後，我們仍在現有基礎上，不斷努力，直到中國完成和平統一，兩岸同胞完成中華民族統一大業爲止，我們一起努力。（全統會各成員自我介紹：略）

掛甲峪農村代表張朝起：「掛甲峪」這個村名，來自「楊家將」故事，相傳他們打仗走到這裡，休息時把盔甲掛在樹上，有人問「這是什麼地方？」因灰甲掛樹上，將軍答說：「就叫掛甲峪」！

掛甲峪之所以成爲農村建設的示範，主要是我們把傳統貧窮、髒亂的農村，變成合乎現代化、合環保的乾淨農村。乾淨還不夠，把窮山變「金山」、變花果山，變成富裕的農村，而維持有桃花源般的美麗，這才是最重要的。我們怎麼辦到的，牆上標語寫的「九上山」、「十化」、「十個轉變」、「十起來工程」，我們是認真的幹，不光是標語。會後參觀農家，證實所言，真是了不起的建設！

中餐統戰部安排在一個生態美食園，極有特色的「漁陽大旺美食生態園」（在平谷區東高村鎮大旺務村六八八號），彷如置身在一座天然花園中，一個超大圓桌至少可坐三十多人。感覺通體暢舒，池山擁翠，臨水觀魚，沉醉不知何處！

午餐由平谷區常委、統戰部長劉震主持，雙方成員近三十人共餐，一道道美食，吃的不亦樂乎，到下午二時結束餐會，下午有重要行程。

下午，參觀「中國樂谷」、拜會北京黃埔軍校同學會

「中國樂谷」之概念意涵，應是來自「美國矽谷」，而規模更爲龐大，以音樂做爲

一個世界級的創新產業，地點就在平谷區東高村鎮，按簡介如下：

（一）時代背景

平谷以其豐富的文化積淀和特有的音樂產業優勢，旗幟鮮明地提出，打造首都音樂文化園區、構建中國樂谷的雄偉藍圖。中國樂谷的提出，豐富了首都文化創意產業的內涵，彌補了音樂文化產業的缺失，創設了以音樂產業集聚、音樂主題休閒爲一體的創新園區。

二〇一〇年七月市委書記劉淇和市長郭金龍及其他市領導親自到平谷調研考察中國樂谷的規劃建設情況，給予充分肯定和大力支持。

（二）發展基礎

平谷與音樂的結緣由來已久，特別是以提琴爲主的樂器制造產業發達。目前提琴產量占世界市場的30%左右，

北京市市委書記劉淇、市長郭金龍考察東高村鎮

被中國輕工業聯合會授予「中國提琴產業基地」稱號。

二〇一〇年八月，平谷區正式對外宣布將打造符合時代特色、具有一定規模的、以音樂爲內核的關聯性強的文化產業集群。

二〇一〇年十一月，作爲市級文化創意產業集聚區，中國樂谷——首都音樂文化創意產業集聚區得到市政府授牌。中國樂谷正式寫入了北京市政府工作報告，並納入市「十二五」規劃。

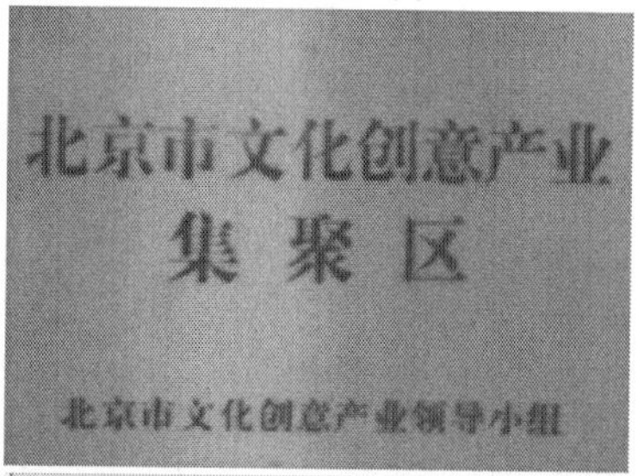

（三）區位優勢

中國樂谷位於環渤海經濟圈關鍵樞紐的平谷區樂高村鎮，與京平高速平三路出口近在咫尺，距首都機場35公里、距市區60公里、距天津新港110公里，交通便捷通達，地理位置優越。

（四）產業集聚區

以樂器加工爲基礎產業支撐，融合音樂發展與傳承、樂器研發與制造、作品創作與交流、版權保護與交易、素質教育與培訓等方面內容，主要包括”六大基地“。

音樂博覽基地：擬與中國誠通集團合作，打造中國唱片博物館。

樂器生產基地：匯集樂器及衍生品研發和制作，形成樂器產銷基地。

歌曲創作基地：擬通過建設靈感大廈、音樂家小鎮等項目，爲音樂人提供音樂創作、公司辦公的空間。

培訓教育基地：擬與社會知名音

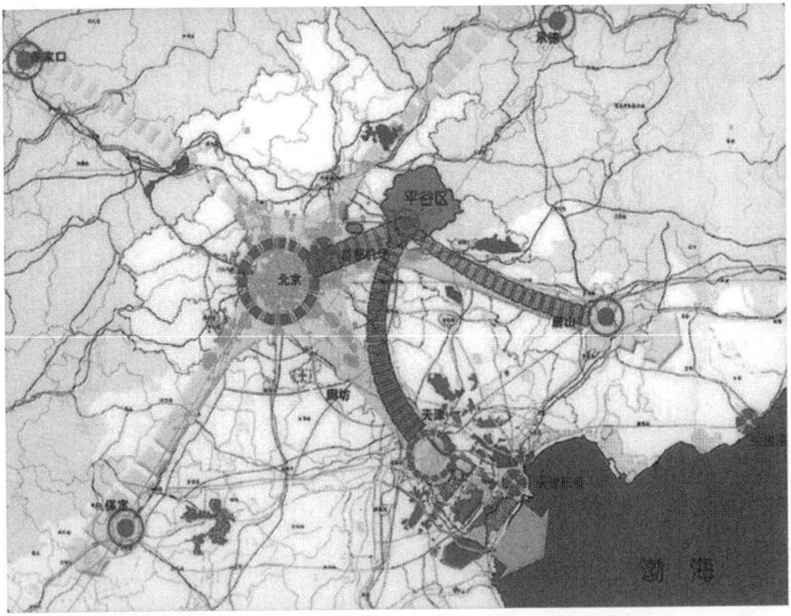

園區規劃：中國樂谷分為「YUE」谷（產業集聚區）和「LE」谷（文化休閒區）兩個區域。

樂人和國內外知名音樂培訓學校開展音樂專業教育及短期培訓。

會展交流基地：吸引世界頂級樂器交易博覽會及樂器制造商參與。

傳媒傳播基地：擬通過舉辦各種活動，形成完整傳播途徑，集聚傳媒企業和行業俱樂部。

（五）文化休閒區

以音樂主題旅遊為特色，結合青龍山景區建設，強調遊客的參與性、體驗性、包括三大板塊：

劇場演出板塊由樂谷大門及前廣場、露天音樂廣場、西樂宮、森林歌劇院組成，承接大型室內樂演出，打造世界規模最大的露天演出場所。

體驗觀光板塊由音樂風情大道、遊戲谷、童話谷、主題樂村、聲樂體驗區等組成，加快遊遊產業與文化創意產業的有機整合。

休閒養生板塊由不同星級的主題酒店、汽車營地、音樂養生中心組成，提供完善的服務配套設施。

北京平谷，中國樂谷，正奏響著一組

"綠色、科技、人文"
壯麗輝煌的交響史詩！
北京平谷，中國樂谷，雖任重道遠、
卻信心滿滿、正揚帆起航！
北京平谷，中國樂谷，
必將崛起在世界的東方！

這樣的簡介可能還不易說明「中國樂谷」之全部真相，我預期未來世界「音樂產業」之重鎮，可能就在這裡。關於較詳的政策、活動、藍圖，可參閱本書附件七。

「樂谷」參觀到下午三點二十分，既回北京市，要拜會「北京市黃埔軍校同學會」（在北京市西城區后英房胡同九號），負責接待的是秘書長王蘭萍，昨天我們已見過她。快五點才到她的辦公室，雙方

平谷區區委書記邱水平在世界音樂教育大會演講

不須再介紹了。

王秘書長向大家說明，（一）目前老黃埔人（23 期以前），只剩一百多人，年紀都很大了。（二）現在也把老黃埔的第二代納入連繫，且已多次訪問台灣。（三）目前統戰工作放在兩岸交流、和平統一，這是統戰之新意。

我也向王秘書長建議，新黃埔（一九四九年後到台灣的軍事院校畢業生），要納入連繫交流對象。這部份人目前也有很多在大陸（讀書、工作、養老、長住等），若能連繫起來，乃至組織起來，對和平統一會有助益。

會中互贈禮品，這回來訪，除統一安排禮盒，我和上官百成有自己的作品贈送。大約六點結束拜會，在辦公大樓內用晚餐，雙方人馬坐滿三桌，好酒美食好朋友，這種好因緣，天上人間少有，大家表示要好好珍惜，共同爲和平統一做出貢獻。

晚餐在七點多結束，因明天前往天津，大家要利用晚上整理行李，依依揮別，相約來年再見，平時有空也要常來北京看看老朋友。

第11章　第四天，天津走馬看花、溫情拜會

上午，天津，濱海新區開發

今天早餐後，我們的參訪行程要轉往天津，八時正大家準備好，按時出發。天津距北京約一百公里，小李沿路先簡介天津的歷史文化背景，目前開發規模看，極可能成爲超越上海的國際大都會，而且天津有完全不同於中國其他城市的特質。

我們是沿著京津第二高速公路行駛，沿途車上講笑話、唱歌、聊八卦，high 翻天了！信義學長最會講笑話，路上都是他帶給大家笑聲，快樂無比，舉一則笑話。

兒子問爸爸：「把拔，什麼叫環境？什麼叫傳遺？」

爸爸答：「生的兒子像爸爸叫遺傳，像隔壁的叔叔叫環境。」

師兄講笑話把握簡短有力，叫人會心一笑。沿路經過台湖、張采路、灤永路、永樂店、津漢公路橋、北塘等地，約近十一時到天津城市，老遠看到，高樓大廈林立，至少數百棟，有如一座「外星叢林」景觀。我們先參觀天津濱海新區展覽館，大致了解這個新區的規模，只能用「偉大」形容，像是崛起中國的縮影。

中午我們在「濱海一號溫泉度假酒店」（天津濱海新區黃港休閒居住區嘉豐路一八八號）用餐，餐會是由濱海新區委員會統戰部辦公室主任揚文芳主持，天津黃埔軍校同學會聯絡部部長李桂環和多位同仁也在陪。

下午，康師傅方便面、天津海外聯誼會

下午時間也很趕，先參觀國家生物醫藥國際創新園（天津經濟技術開發區洞庭路 220 號）；又參觀一個叫超級計算機中心，這兩個地方解說員說了半天，其實大家都莫宰羊（台語，不懂的意思）。

倒是參觀康師傅的方便面（生力麵）工廠（經濟技術開發區十三大街睦寧路 218 號），大家有點興趣，都爲台灣企業能在祖國大陸發展而感欣慰。

今天的晚餐才是重頭戲，大約六點我們到了津利華大酒店（天津河西區友誼路 32

號），等於餐會兼拜會。主要接待我們全統會的單位，有海外聯誼會、黃埔同學會、政協等。餐會由天津海外聯誼會副會長王平主持，其他還有天津黃埔同學會秘書長劉正風、辦公室副主任丁岩，以及前幾天認識的多人，席開三桌，美酒美食。

餐會前雙方領導致歡迎詞，互換禮品等，大家如同一家人般熱烈，好酒下肚更使現場溫度上升，直到快八點才結束餐會。

最後的兩個晚上，我們住天津友誼賓館（天津市和平區南京路94號），今天大家累了一天，都想早早休息。

第12章 第五天，天津發展規劃、拜會黃埔軍校同學會

上午，記乘歷史的傷痛崛起，列強在天津

有句話說「千年古蹟看北京，百年古蹟看天津」，因爲近百餘年來，滿清到民初間，列強在天津留下許多傷痛的痕跡，這些痕跡如今都是觀光客最愛的古蹟。雖也是古蹟，但中共同時用做愛國教育的現成案例，教育人民不能再重演這樣的歷史，誠心而論，這方面國民黨不如共產黨，現在的台灣也別提了！

今天上午我們因時間有限，只能參觀意大利當年的租界區，是意大利本土以外最大的意式建築群。一小時看不出什麼！何況我是建築的外行人，只看到一棟棟古香古色的房舍，買些古蹟、風景卡片（文末），給讀者自行欣賞天津的古今沿革。

比較俱體是參觀「天津古今發展規劃館」，講解員也說的很清楚，把一座城市從古

代、近代、現代到未來發展願景，做出「大戰略規劃」（目前大陸各重要都會均有如此規劃），這是重要的大工程，表示國家有百年、千年的一貫規劃。（看文後圖片）。

中午，我們在怡鄉春竹（天津市津南區咸水沽海福科技園福鑫路一號）用餐，是一個自助的海鮮餐廳，各種海鮮、羊、牛肉、魚類，應有盡有，蔬菜、水果也不少，大家在猜，台北的物價至少一人千元以上。

下午、晚餐，天津小站練兵、狗不理

下午的重要行程是參觀「天津小站練兵」古蹟館，軍事戰史或近代史有些素養的，一看聽便知其詳。那牽扯了很多吾國近代史中，一頁頁的傷痛史。

「小站」，位於天津市東南約三十公里處，有月牙河和馬廠咸河交滙處之北側，清同治時淮軍將領周盛傳在此屯田練兵，在塘沽新城建砲台，馬廠到新城間修建一條大道，沿途設驛站，五里一小站，十里一大站，故有小站之名，但小站有大歷史。

甲午之戰後，袁世凱的「小站練兵」名氣最大，因爲他的編練新軍是中國軍隊改取西制的開始，對中國以後的建軍制度影響極大，更影響了以後數十年的政局。（詳見附件八）

今天的晚餐是由天津黃埔軍校同學會宴請，地點在「狗不理」（天津和平區和平路三二二號），這裡是狗不理的總店。餐會由廿二期老大哥、天津黃埔軍校同學會副會長王朝亮主持，我和他一見如故，叫他一聲「學長」，並告訴他「我是四十四期小老弟陳福成」，他高興極了，我相信這是他所見過第一個四十四期老弟。餐會還有方新生副部長、李桂環部長、張忠誠、周小紅多人，都是天津黃埔的工作人員，席開三桌，熱鬧一晚。

餐會首先由雙方領導致詞：

天津市黃埔軍校同學會副會長王朝亮致詞：（一）天津市黃埔軍校同學會主要是連絡兩岸、海內外黃埔同學的感情，多多交流了解，凝聚黃埔同學的影響力，促進國家和平統一。（二）天津做爲一個直轄市，有宏大的發展願景，尤其在發展成一個國際級大都會已取得重大成果，大家參觀了就知道。（三）全統會做爲一個台灣的統派團體，長期以來，一直爲兩岸交流，促成統一而努力，讓大家非常敬佩。（四）未來希望持續努力，並有機會常回來看看，共同爲中華民族的復興、國家之和平統一，均能早日完成。

中國全民民主統一會會長王化榛致詞：（一）這次承蒙統促會安排到天津參訪，看到平時看不到的地方，非常感謝。（二）西方人爲什麼怕中國人？是看到中國新一代人的努力，進步不是數學級數的增長，而是幾何級數的成長，他們很害怕，才弄出一個「中國威脅論」。（三）早在毛澤東時代就說要「起英趕美」，現在已超英了，趕美也是不久的事。（四）國共以前的兄弟之爭已是歷史了，現在兩岸要經由「促統」的努力，共同對付台獨和外面的敵人，如倭國（日本）或英美企圖分裂中國，所以現在在我們要團結在一起，中華民族才有希望，和平統一才能早日達成。

方新生副部長也致詞表達感謝各方協助之意，並邀各全統會朋友常到大陸参訪旅遊。餐會在晚上八點結束，因明天上午回台北，晚上要整理行李，依依話別後乘車回到旅店，才發現黃埔同學會送每人一個好禮，「十八街特產、果仁張」，我們帶回台灣的，除了北京天津的「奇績」，還有溫暖和貼心！

JOURNEY
TIME
TIANJIN

天津•时光旅程

JOURNEY
TIME
TIANJIN

•

天津·时光旅程

意大利风情区
Italian Style Town
天津市邮政广告公司发布　12-120101-11-0017-016

意大利风情区
Italian Style Town
天津市邮政广告公司发布　12-120101-11-0017-005

意大利风情区
Italian Style Town
天津市邮政广告公司发布

意大利风情区
Italian Style Town
天津市邮政广告公司发布 13-120101-11-0019-009

意大利风情区
Italian Style Town
12-120101-11-0017-008

意大利风情区
Italian Style Town
天津市邮政广告公司发布 12-120101-11-0017-013

天津市邮政广告公司发布 13-120106-11-0026-001
手繪・天津
China tianjin

手繪・天津
China tianjin

天津三岔河口

天津马可波罗广场

天津站

天津海河风光

天塔
Sky Tower

天津大學

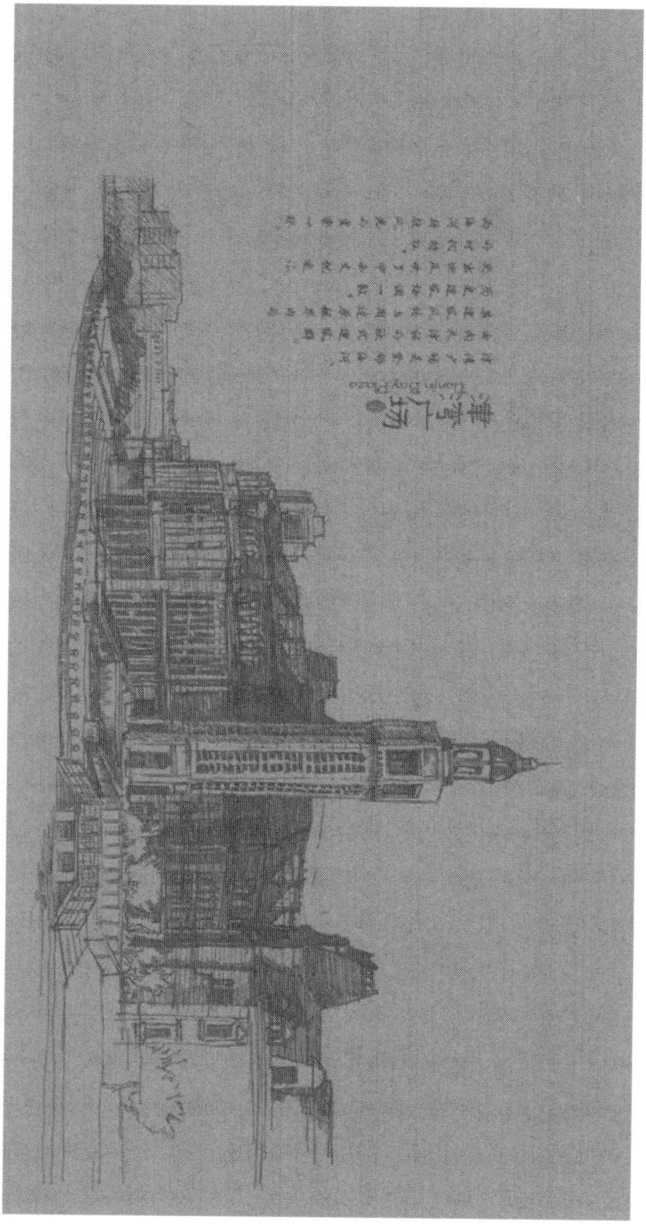

回家，詩頌二〇一四北京天津行

第六天，我們不出國，也不回國
我們回家

北京、天津伴著你我他
從遠古走來
走過三皇五帝堯舜禹
從夏商周一路向前奔
過秦漢三國隋唐五代兩晉
宋元明清，現代中國
永恆的在中國媽媽懷裡

與母親和眾多兄弟姊妹共成長
共享苦難與繁榮、共創大未來

啊！北京、天津、台灣
我們的家

走到廿一世紀的現代
你承載著前所未有的重責大任
全球的風聲雨聲要聲聲入耳
國際的濤浪逆流得事事小心

啊！北京、天津、台灣
是當代中國人的心跳

崛起的榮耀也莫忘
八國聯軍的惡夢中，列祖列宗流淌的鮮血
那血跡乾了嗎
那傷口都痊癒了嗎

六天

我們沐浴在中華文化靈山聖水
滌淨被各種顏色沾染許久的塵埃
我們看見祖國大地的偉大建設
將會領導全球創建新文明

我們帶著滿滿祖國的愛和關懷
黃埔同學會的貼心
統促會等各單位的叮嚀願景
全都帶回台灣　淨灑大地
讓寶島子民開出中華文化的美麗華果
共享廿一世紀屬於中國人的世界
共圓中國夢

（全統會會員、台北公館蟾蜍山萬盛草堂主人陳福成，
誌於公元二〇一四年三月二十九日晚上，天津友誼賓館。）

一芳靈秀之氣飄然落坐

我正端坐天津友誼賓館紅塵之一角
正在享用升起的太陽佐以新鮮的美味朝氣
突然自靈山飄落一朵靈秀之花
輕聲細語
「我可以坐這裡嗎？」
「歡迎，請坐！」
一股涵富靈氣的花香襲來
瞬間醞釀一方溫馨的兩人世界
共享美味早餐

半秒鍾的無聲勝有聲
續則有黃鶯出谷
且傳出空谷迴音
春風和彩雲也捎來未語的秘密

妳的肢體語言道出了妳的友愛和善良
妳的氣質涵富散發出智慧與和諧
妳的髮香也讓我想入非非
妳的靈氣在朦朧中透露心語如春
妳的淺笑、飄逸使瞬間成永恆

事後有人問曰
何不乘機拈住這人世間的極品靈花
答曰：色即空　空即色
才能讓一朵飄逸奇花

永恆的住在一個男人心中
共圓理想國之美夢

小記：二〇一四年三月三十日，全統會拜會北京、天津的最後一天，在天津友誼賓館早餐，偶然一年青美女落坐，與我共用早餐閒聊，得知她姓劉，剛走出校門就已就業。信義、俊歌師兄在隔桌看到這一幕，事後多人贊她的美麗和高雅氣質，以詩誌之。

總結：找尋全統會的未來發展

這是一個價值顛覆的時代，傳統價值（四維八德等）早已是一雙破鞋；就算流行潮出現「現代價值」，也是不出幾年幾月，很快成了被揚棄的舊鞋。全統會面對這樣的時代，談統一、談孫中山、談三民主義、談傳統價值，確是很難吸引年青一代加入本會，想到各縣市成立分會，擴大發展，真是難、難、難！

這是一個沒有英雄的時代，每個阿狗阿貓都是老大，每個阿花阿枝都是難纏的對像，誰也不聽誰！誰也不理誰！於是，所有的團體，政壇、黨壇、杏壇、文壇、詩壇。…都在為「等無人」傷腦筋，只有「神壇」最熱鬧。而你去看看大學校園辦「同人志」等人山人海，文學大師來校演講則小貓小狗兩三隻，真是情何以堪。我們全統會面對這種「絕望的年代」，只有大嘆「將軍戰馬今何在？野草閒花滿地愁。」談統一、談交流、談擴大組織發展，真是難、難、難！

壹、說難不難，未必是眞難

當真是一切都難！只有任其自生自滅？卻也不是，吾人之難難過總理組興中會乎？可見吾人之難並非最難，還是可以有爲。何況前面那兩種難，其實「見樹未見林」，是一時之現象，並非長期之規律通則，如何說？

價值顛覆的問題，若深思之，並不足爲憂，孔子時代就嘆「世風日下」，若是，代代都每況愈下，今日已成「禽獸社會」。吾以爲，一種好價值（如四維八德）之所以有起（興盛）落（顛覆），基本上受物理定律影響，這是自然法則，佛法說的「成住壞空」。但成住壞空隱而微或時程太長，吾人不得而見，或大多不知無感。我們所能洞視者是「大歷史」，從千百年以上看問題，許多問題成了「不是問題」。例如，孔子講「仁」、孟子講「義」、管仲講「四維」，這些中華文化的核心價值，在今天的兩岸中國人心中依然存在，並未被全面清除顛覆。舉鐵案證據，陳水扁全家貪污案被揭發，百萬紅衫軍扛著大大的「恥」字遊行，這不就是管仲「禮義廉恥」，國之四維，四張不張，國乃滅亡」

的力量嗎？這也是中華文化產生的無形力量！

因此，傳統價值在今天的台灣尚未被顛覆。我們所看到年青一代如無根浮萍，顛覆了傳統價值。基本上，是一種小小的點（彈丸之地）出現暫時的現象，對整個中國大社會、大歷史，產生不了任何破壞作用。當十多億的中國人都在復興中華文化，台灣人不可能置身事外，必被那股強大的「磁石效應」吸納，也掙先恐後的要復興中華文化；否則，邊陲化，滅亡、被併吞！

所謂「沒有英雄的時代」也是似是而非。往昔的英雄（能以任何原因、方式動員群眾，讓廣大群眾發狂、發瘋、追隨），是廿一世紀好像絕跡了。其實不然，「洪仲邱案」爲何瞬間集結數十萬之眾？且並無政黨或任何政治團體策動（至少到二〇一四年春司法重判，未見政治力介入。）。這表示，現代社會能動員、吸引眾人者，「英雄個人媚力」式微，但「某種價值」（如正義、廉恥、統一等），依然有吸引力；另外，台獨已失去蠱惑群眾的動力和價值，這是公認的事實，非我個人在自我安慰。也正好證明，全統會走的是一條正確、有價值的路，只看我們如何走？全統會的路不僅正確，且有「先天」

優勢。

貳、全統會有很多優勢利多

我以前在野戰部隊當帶兵官，常聽到一種嘆氣聲說「現在兵不好帶！」我每反問「那以前的兵好帶吧！」答「是。」我又問「那滿清時代的兵更好帶！明末的兵更更好帶…」嘆氣者不知事之應然實然所以然。而任何事的現象或本質，必有千古不易之通則，也有分秒變化之無常。全統會所面對的當下社會環境，有分妙變化的困局中，看似困難重重。但若放大空間、拉長時間看中國大歷史，則有很多優勢利多。

第一、全統會和所有統派理念得到全世界公開支持：何者是全統會和所有統派的理念？一言以蔽之曰：「一中、一個中國、中華文化、中華民族是也。」世界各國，乃至兩岸，都公開說是「一個中國」。當然，美國和日本早已偷偷摸摸搞台獨，企圖裂解中國，也只能暗著幹，中國人只須提高警覺。至少「一中」是國際上合法、公開的認定，全統會有國際支持，有全中國十三億多人民支持，我們何必怕那剩下的極少數台獨份子！

第二、全統會得到中華民族五千年文化之加持：所有統派乃至所有台灣人，事實上是讀「孔孟詩書」長大的，我們多少沐浴在中華文化中，我們堅定認爲自己是中國人，是炎黃子孫。於是，堯舜禹文武周公孔子…王陽明…孫中山、蔣中正等，都是我們的先聖先賢，和他們是一國的，吾等何等光榮！

而李白、杜甫、蘇東坡及吾國歷史上的作家、詩人，是炎黃子民永恆的夢境，我們因而提昇人生境界。歷代經典、詩經、離騷、樂府、四書五經、紅樓西廂、三國水滸、西遊記…無數吾國文化重寶，是我們生生世世的精神資糧，使我們有文化、有內涵。今天台灣極少數的民族敗類、炎黃不孝子孫搞「去中國化」，就是要把這些中華文化搞掉，乾脆連「中國文字」也去除，台灣社會就退回五千年前，沒有文字、文化的「石器時代」。

是故，全統會認同的中華文化，是世界文化史四大古文明至今而尚能隆盛光大者，我們有千年文化文明加持。中華文化有強大的包容力，古來許多邊疆異族，如今都是中華民族的一員，台灣內部各民族當然也是。

第三、統一是中國歷史的必然，不出幾年：中國幾千年大歷史，儘管分分合合，但分裂時代都極短暫，不久又回歸統一，中國歷史上以統一爲「常態」，持續較久；而以分裂爲「變態」，持續時間通常數年至百年間，南北朝時分裂近二百年，但當時各國政權，最長的宋有五十九年，東魏才十六年卽亡。爲何分裂時代都短暫？考其原因，一者是中國地緣戰略的完整性，不能分裂立國，分立即造成割據，動盪不安，非人民所願。二者是短命的分裂政權，政客最容易出現「能吃盡量吃、能撈盡量撈、吃飽撈足走人」心態，於是分裂政權都是貪腐政權，民初自立爲王那些軍閥、台灣的「陳水扁僞政權」都是。三者就是廣大人民群眾對統一的期待，統一表示一種常態，人民要過正常的生活，這就形成民意民心。

全統會所堅持、所期待的統一，不會讓人等太久，以筆者對中國歷史的理解，大約不出十多年，兩岸必邁入統一進程。其實統一「鍵」已啓動，成爲不可逆的態勢，能否看到那一天（有最好）！不重要，因爲那一步必定要走到，你可以放心。

第四、最大的優勢利多是中華眾神和我們是一國的：中國民間信仰諸神，大致是中國歷史上有功於國家民族社會之先聖先賢，或神州大地象徵山河諸神等，基本上是「生爲中國人、死爲中國神」。本質上，這些神有深厚的中華文化意涵，眾神和中國大地有「血緣關係」，非台灣少數獨派搞「去中國化」，眾神就和中國「母親」脫離關係。實例之一是陳水扁割斷兩岸關係時，不準兩岸人民往來，但每年的「媽祖回娘家」以自力救濟，大批漁船組媽祖團開往福建莆田，讓媽祖回娘家探望「母親」。看看台灣人信仰最多的眾神如：

◎**保生大帝**（吳本）：宋代太平興國人。

◎**九龍三公**（魏振）：宋高宗的五軍都督。

◎**清水祖師**（陳應）：宋仁宗時高僧。

◎**臨水夫人**（陳靖姑）：唐代宗時福州人。

◎**長春祖師**（邱處機）：元代山東登州人。

◎**九天玄女**，黃帝之師、助帝戰蚩尤。

◎**三山國王**，隋文帝手下三大將，連清化、趙助政、喬惠威。

◎**西秦王爺**，唐太宗李世民。

◎**媽祖**（林默娘），宋代福建莆田人。

◎**關聖帝君**（關雲長），三國劉備的結義兄弟。

◎**土地公**（孫句龍），炎帝神農第十一世孫。

◎**三官大帝**，即我國古代三聖君，堯、舜、禹。

◎**孚佑帝君**（呂洞賓），唐朝山西芮城人。

（眾神詳歷，見拙著《中國神譜》台北，文史哲出版）。

中國民間信仰諸神是中國人生活的一部份，不論你是那一個教派，一生之中，你總會和這些神明有接觸，或爲信仰，或爲文化活動，或爲古蹟参訪旅遊，體驗深刻的中華文化意涵。其實，台獨搞「去中國化」，首先反對的是中國民間信仰諸神，因爲他們把媽祖、關聖帝君等都搞成了「老外」。

在本書的結論，我在找尋全統會的未來發展，眼前看似天大的難，針對難題剖解，發現未必是難，且有很多優勢利多，端看大家怎樣用人、找人（人才），還是可以有作爲。以下幾點淺見：

㈠大胆開發全統會現有人才、大胆放手讓他到基層（鄉鎮市）去發展，我大胆判斷全統會內部有這樣的人才，也有人有意願出來打拼。

㈡向「新同盟會」取經。我並未研究新同盟會的發展方式，只覺得他們有活力、有動力。我於今（民103）年二月收到一封「陌生人」的信，小心打開，原來是一個新同盟會員的信，表示讀拙作之感動；這位余坤先生生的名片上有四個頭銜（新同盟會總會顧問、漳浦縣紀念陳元光協會榮譽會長、社團法人台灣光彩促進會和台灣光彩慈善聯盟總會副主席）。讓我驚訝是，余先生是台中龍井茄投人，是我小時候住過的地方，新同盟會能到這麼鄉下地方發展，表示他們從「根」做起，全統會深值學習！

㈢緊抱中國，和中共合作。這可能是未來台灣不論那類政黨必走的路，中國崛起，產生「磁石效應」的必然結果。民進黨的台獨路走不下去後，現在已經在掙扎著回頭，且已開始「擁抱中國」。只要能壯大全統會，促進兩岸交流，達成中國之再統一，一切方法都可以用。

本書以作家、隨行記者的身份書寫，提出個人觀察，以供全統會發展的參考。我個人並無任何領導群眾之媚力，亦無管理開山之能耐，只是一個靜觀、研究的自由作家。敬請批評指教，不勝馨香期盼。（台北公館蟾蜍山萬盛草堂主人　全統會會員　陳福成誌二〇一四年四月）

附件：

一、中國全民民主統一會會章
二、中國和平統一促進會簡介和章程
三、滕則權會員的報告和建言
四、上官百成──「八百壯士」精神的傳承與發揚
五、中關村國家自主創新示範區展示中心
六、唐・舒爾茨：百度是極其重要的品牌建設平台
七、「中國樂谷」：政策、藍圖與活動
八、天津，「小站練兵」
九、北京及天津有關地方情況簡介
十、《三民主義力行社史》一書記錄滕傑先生早期活動
十一、徐味眞，「海峽兩岸三地共同打擊犯罪執行成效」
十二、寄贈本書給北京天津參訪拜會的朋友名冊

附件一：中國全民民主統一會會章

中華民國七十九年元月廿一日在台北市國軍英雄館成立大會通過，同年二月七日第一屆執行委員會依據成立大會授權修正

中華民國八十一年十一月十九日在台北市中山堂光復廳第二次全國會員代表大會第二次修正

中華民國八十二年十月二十九日在中山堂第三次全國會員代表大會第三次修正

中華民國八十五年十一月十二日在台北市仁愛路空軍活動中心第四次全國會員代表大會第四次修正

中華民國八十九年九月二日在台北市八德路三段二十號十一樓華新餐廳第五次全國會員代表大會第五次修正

第一章 總綱

第一條：本會定名爲「中國全民民主統一會」，簡稱「全統會」

第二條：本會以促進和平統一中國，及實行三民主義全民民主爲宗旨，反對一切有害中華民族生存發展的意識、政策及制度。

第三條：本會依據中華民國人民團體組織法成立之政治團體、并爲超黨派之組織。

第四條：本會採全民路線，結合海內外各地區、各職業、各階層愛國之人士，爲全民之利益共同奮鬥。

第五條：本會以民主爲基制，凡會議、選舉、及經決定之事項，共同遵守，徹底執行。

第六條：本會之領導方式爲：

一、以宗旨結合會員，以服務代替領導。

二、以政策凝聚群眾，以情感強固組織。

第七條：本會會徽與會歌，由本會執行委員會訂定之。

第八條：本會會址設於中華民國中央政府所在地。

第二章 會員

第九條：凡服膺孫中山先生之遺教及蔣中正先生遺訓而志願遵守本會會章者，均得申請加入本會爲會員，入會辦法由本會執行委員會訂定之。

第十條：會員有左列之義務：

一、宣揚與實踐本會宗旨。

二、忠誠執行本會任務及參與活動。

三、嚴守本會一切機密。

四、聯繫民眾，服務民眾。

五、介紹優秀人士入會。

六、繳納會費。

第十一條：會員有左列之權利

一、在會內會議上，有發言權、提案權及表決權。

二、在會內有選舉權、被選舉權及罷免權。

三、有向本會請求支援其參政之權。

四、有向本會各級組織直接反映民意見及提出檢舉之權。
五、有向本會請求維護其正當合法權益之權。
六、個人遭遇急難時，有向本會請求協助解決之權。
第十二條：本會會員，概以個別人會爲原則，但不排除非團體名義之集體申請人會。
第十三條：會員有退會之自由，會員退會應以書面向所屬層級組織提出，所屬層級組織應就申請退會案件妥善處理後，遂級函報本會核備。

第三章　組　織

第十四條：本會組織體系及權職如左：
一、總會：會員大會或代表大會、閉會期間爲本會執行委員會。
二、分會：省、市、縣《直轄市）級會員大會或代表大會、閉會期間，爲分會執行委員會。
三、各級組織不得以組織名義加人其他人民團體或社團。
第十五條：海外及大陸地區設置組織比照前條原則之規定辦理。
第十六條：本會以外之機關團體中，凡有本會會員五人以上者，得設立會外小組，由本會直接領導或指定相關組織領導之。

第四章　精神領袖

第十七條：本會遵奉國父孫中山先生爲精神總理。

第十八條：本會尊奉繼續國父遺志領導國家逾五十年之蔣中正先生爲精神總裁。

第五章　會　長

第十九條：本會設會長，由全國會員代表大會選舉之，綜攬全會會務，並爲全國代表大會，本會執行委員會及其常務委員會主席，對外代表本會。會長任期三年，連選得連任之。

第二十條：本會設副會長一“四人，襄助會長處理會務。副會長由會長推荐，經本會代表大會通過任聘之，其任期與會長同。會長出缺或因故不能視事，依次由副會長代理至會長原有任期屆滿或恢復視事爲止。

第廿一條：本會設有名譽會長、名譽副會長由本會會長或執監委員三分之一以上之推荐，提經代表大會通過禮聘之。

第六章　評議委員會

第廿二條：本會設評議委員會主席及評議委員若干人，以上人選均由會長推荐，提經代表大會通過後禮聘之。任期三年，并得續聘。評議委員會每年集會一至二次，由本會召集，評委會主席主持之。本會會長、副會長參加，各業務主管列席，有關會務之推行及興革，應尊重評議委員之宏識與卓見。

第七章　本　會

第廿三條：全國會員代表大會每三年舉行一次，必要時得舉行臨時會員祕表）大會，由本會會長召集之。如有四分之一以上會員代表連署，請求召開時，會長應即召集。但延期不超過一年。

第廿四條：本會會員（代表）大會之職權及會員代表名額、任期、選任及解任，規定如左：

一、會員代表大會名額暨選、解任辦法如左：

㈠會員代表由分會就現有會員中推選產生，其名額由本會視分會會員數訂定之。

㈡會員代表任期三年，任期屆滿後自然解任，必要時得延長至召開下一屆會員代表大會爲止。

二、會員代表大會職權如左：

㈠修改會章。

㈡決定本會階段性政治任務。

㈢審議本會執行委員會工作報告及預決算。

㈣選舉罷免會長。

㈤選舉本會執行委員會委員及監察委員會委員。

第廿五條：執行委員會由本會會員（代表）大會選舉廿七人至卅五人組成，并得選舉九至十二人爲候補委員，任期三年，得連選連任之。

執行委員互選九至十一人爲常務執行委員，組成常務執行委員會。

常務委員會原則上每月開會一次。

執行委員會至少每六個月開會一次，在閉會期間，其職權由常務委員會行使。

第廿六條：執行委員會職權如左：

一、執行全國會員代表大會之決議。

二、議決本會大政方針。

三、指揮本會各級組織。

四、議決本會重要人事。

五、培養管理本會幹部。

六、執行對外宣傳。

七、其他與本章程規定之有關事項。

第廿七條：監察委員會由本會會員（代表）大會選舉監察委員九至十一人組成，並得選舉三至四人候補監察委員，任期三年，連選得連任。

監察委員互選三人爲常務監察委員，并得互選一人爲召集人。

監察委員會至少每六個月開會一次，在閉會期問，其職權由常務監察委員行使，常務監察委員會之主席，由常務監察委員召集人擔任之。

第廿八條：監察委員職權如左：

一、監督執行委員會執行會務。

二、解釋本會會章。

三、稽核本會預算及決算。

四、糾正、懲戒有關違紀事項及人員。

五、會長諮商事項。

六、其他會章規定之有關事項。

第廿九條：本會設秘書長一人，承會長之命，策劃督導全會會務之推展；設副秘書長一至三人，協助秘書長處理會務。祕書長、副秘書長，均由會長提名，經常務執行委員會通過任命之。會長易人，秘書長、副秘書長應即總辭，由新任會長另行任命之。

第三十條：執行委員會之下，設秘書處、組織、文宣、社運、財務、行政、大陸、海外等工作組，其組織規程由執行委員會訂定之。

第卅一條：本會得聘請顧問若干人，由會長提名，經執行委員會通過後聘請之，聘期三年，並得續聘之。

第八章　分　會

第卅二條：本會之分會，每年舉行會員代表大會一次（或會員大會）各級執行委員會認爲有必要或過半數之次一級組織請求時，得定期或召開臨時大會。

第卅三條：分會組織之會員代表大會或會員大會職權如左：

一、檢討各該會執行委員會之工作

二、決定各該會會務之決策方針。

三、選舉各該會執行委員及監察委員。

四、上級組織交議之事項。

第卅四條：分會執行委員會及監察委員會名額，由本會執行委員會議訂之。

第卅五條：分會執行委員及監察委員之任期均爲三年，連選得連任之：如因會員代表大會或會員大會延期召開，未依規定改選新任執、監委員時，其任期延至完成改選新任時爲止。

第卅六條：分會均設主任委員一人，由會長提名，經執行委員通過後聘任之。並得視實際需要設副主任委員一至三人，均由主任委員提請委員會通過並層報本會核備後任免之。總幹事承主任委員之命處理有關各該會會務。

第九章　小　組

第卅七條：分會之下得以會員分佈狀況，分設小組，擔任會務宣傳、連絡群眾、反映社情、吸收會員及收繳會費等事項。

第卅八條：小組由會員三至十九人組成，並互選一人爲小組長，任期一年，連選得連任之。

第卅九條：小組以每三—六個月舉行小組會議一次，連絡感情及會務檢討，由小組長召集之。小組長認爲必要時得召集臨時小組會議。第四十條：小組對於特殊緊急重大問題之反映，可越級直接反映至本會，並須作適當之處理，或建請有關機關研處。

第四十條：小組對於特殊緊急重大問題之反映，可越級直接反映至本會，並須作適當之處理，或建請有關機關研處。

第十章　紀律與獎懲

第四一條：本會會員須遵守左列規定：

一、不得違背會章。

二、不得洩露本會一切機密。

三、不得有損害本會會譽之行爲。

四、不得在會內利用職權假公濟私。
五、不得在會內製造事端破壞團結。

第四二條：違反前條規定之會員，視其情節輕重，予以左列之懲戒：
一、警告。
二、留會察看六個月至一年。
三、停止會員權利一年至二年。
四、開除會籍。

第四三條：各級委員會違反紀律者，解散該委員會；某一組織之多數會員違反紀律者，除解散其組織外，重新登記審核會員會籍，另行重組該組織。

第四四條：對於表現卓越，成績優良之會員或組織，應層報本會予以獎勵。

第四五條：有關獎懲案件，由各及監察委員會依規定秉公處理；開除會籍之處分，應經本會執行委員會核准。

第四六條：不服懲戒者，得向上一級組織之監察委員會申復，但以一次爲限。

第四七條：獎懲與懲戒辦法，由本會監察委員會訂定之。

第十一章 經 費

第四八條：本會經費來源如左：

一、新會員人會費。

二、會員常年會費。

三、社會各界捐助。

四、其他正常收人。

會員人會費及常年會費由本會執行委員會、監察委員會視實際情形訂定之。

第四九條：本會、分會執行委員會之下，應設財務委員會，負責經費之籌措與管理有關事宜。

第十二章 附 則

第五十條：本會章未規定之事項，悉依中華民國有關法令規章辦理。

第五一條：本會章經全國會員代表大會通過並報請主管機關核備後施行，修正時亦同。

附件二：中國和平統一促進會簡介和章程

中國和平統一促進會簡介

一九八八年，為發展海峽兩岸關係，打破兩岸長期隔絕的僵局，由各民主黨派和有關人民團體共同發起，成立了中國和平統一促進會。

本會是由贊成中國統一的各界人士自願結成的具有獨立法人地位的全國性、非營利性社會組織。

本會的宗旨是：高舉愛國主義旗幟，團結一切擁護中國和平統一的海內外同胞，推動海峽兩岸的民間交流與往來，反對制造"台灣獨立"、"兩個中國"、"一中一台"等分裂中國的活動，促進早日實現中國和平統一。

本會的主要任務是：廣泛聯系祖國大陸、香港特別行政區、澳門特別行政區、台灣地區和海外各界人士及相關團體，共同探索中國統一的途徑，反對"台灣獨立"、"兩個中國"、"一中一台"等分裂活動，促進海峽兩岸交流與合作，推動中國和平統一進程；促進海峽兩岸民間經貿、文化、教育、科技、學術、新聞出版、體育、藝術、旅遊等方面的交流和交往，增進兩岸同胞的了解和情誼；加強與香港特別行政區、澳門特別行政區、台灣地區和海外的中國和平統一促進會的聯系，更好地發揮港澳台和海外各界代表人士在促進祖國和平統一中的作用；開展多種形式的宣傳工作，出版《統一論壇》雜誌，交流見解，增進共識。

中國和平統一促進會章程

（二〇〇四年九月廿七日中國和平統一促進會第七屆理事大會審議通過）

第一章 總 則

第一條 本會名稱為中國和平統一促進會，簡稱為"中國統促會"。英文全稱為”CHINA COUNCIL FOR THE PROMOTION OF PEACEFUL NATIONAL REUNIFICATION“。英文縮寫為”CCPPR“。

第二條　本會是由贊成中國統一的各界人士自願結成的具有獨立法人地位的全國性、非營利性社會組織。

第三條　本會的宗旨是：高舉愛國主義旗幟，團結一切擁護中國和平統一的海內外同胞，推動台灣海峽兩岸的民間交流與往來，反對製造”台灣獨立“、”兩個中國“、”一中一台“等分裂中國的活動，促進早日實現中國和平統一。

第四條　本會遵守中華人民共和國憲法、法律和法規，依照章程開展活動。

第五條　本會會址設在北京。

第二章　任務

第六條　本會的主要任務是：

㈠廣泛聯系祖國大陸、香港特別行政區、澳門特別行政區、台灣地區和海外各界人士及相關團體，共同探索中國統一的途徑，反對”台灣獨立“、”兩個中國“、”一中一台“等分裂中國的活動，促進海峽兩岸交流與合作，推動中國和平統一進程。

㈡促進海峽兩岸民間經貿、文化、教育、科技、學術、新聞出版、體育、藝術、旅遊等方面的交流和交往，增進兩岸同胞的了解和情誼。

㈢加強與香港特別行政區、澳門特別行政區、台灣地區和海外的中國和平統一促進會的聯系，更好地發揮港澳台和海外各界代表人士在促進祖國和平統一中的作用。

㈣開展多種形式的宣傳工作，出版《統一論壇》雜誌，擴大影響，增進共識。

第三章　理　事

第七條　本會實行理事制。

第八條　理事必須具備下列條件：

㈠擁護本會章程；

㈡關心和致力於中國統一事業；

㈢有加入本會的意願；

㈣具有一定社會影響。

第九條　理事入會程序：

㈠由兩位以上理事或有關單位推薦，本人填寫入會登記表；

㈡經常務理事會討論通過；
㈢由本會頒發理事證書。

第十條　理事享有下列權利：
㈠本會的選舉權、被選舉權和表決權；
㈡參加本會的活動；
㈢獲得本會服務的優先權；
㈣對本會工作的批評建議權和監督權；
㈤入會自願，退會自由。

第十一條　理事履行下列義務：
㈠執行本會決議；
㈡維護本會的合法權益；
㈢完成本會交辦的工作；
㈣反映情況，提供有關資料。

第十二條　理事退會應書面通知本會，報常務理事會備案，並交回理事證書。

第十三條　理事如嚴重違反本章程，經常務理事會表決通過，予以除名。

第十四條　本會設榮譽職務。

第四章　組織機構和負責人產生、罷免

第十五條　本會設會長一人、副會長若干人（其中一名執行副會長），秘書長一人、副秘書長若干人（其中一名執行副秘書長）。

第十六條　本會的最高權力機構是理事大會。其職權是：

㈠制定和修改章程；

㈡選舉和罷免會長、副會長、秘書長、常務理事，聘請和解聘名舉會長；

㈢審議理事會的工作報告；

㈣決定終止事宜；

㈤決定其他重大事宜。

第十七條　理事大會須有半數以上的理事出席方能召開，其決議須經到會理事三分之二以上表決通過方能生效。

第十八條　理事會每屆五年，屆中舉行一次全體會議。因特殊情況需提前或延期換屆的，須由常務理事會表決通過，或以通訊方式征求常務理事意見，延期換屆最長

不超過一年。

第十九條　本會設常務理事會。在理事大會閉會期間，由常務理事會研究決定本會重大事宜，對理事會負責。常務理事會由會長、副會長、秘書長和其他常務理事組成。

第二十條　常務理事會的職權是：

㈠執行理事大會的決議；

㈡審議年度工作總結和工作規劃；

㈢決定召開理事大會；

㈣聘請顧問，決定增免理事，批准因工作變動或其他原因須變更的理事人選；

㈤決定設立辦事機構、專門委員會、代表機構和實體機構；

㈥決定副秘書長、各專門委員會主要負責人的聘任；

㈦必要時，可選舉會長、副會長、秘書長、常務理事，聘請和解聘名譽會長；

㈧決定其他重大事宜。

第二一條　常務理事會須有半數以上常務理事出席方能召開，其決議須經到會常務理事三分之二以上表決通過方能生效。常務理事因故不能出席會議時，可通過書面形式表達自己的意見。

第二二條　常務理事會原則上每年至少召開一次會議，特殊情況下可以采用通訊方式召開。

第二三條　會長行使下列職權：

㈠主持常務理事會工作，召集和主持常務理事會議；

㈡檢查理事大會、常務理事會議決權的落實情況；

㈢代表本會簽署有關重要文件；

㈣決定其他重要事宜；

㈤會長可委託執行副會長行使會長有關職權。

第二四條　秘書長爲本會法定代表人。本會法定代表人不兼任其他團體的法定代表人。

第二五條　秘書長行使下列職權：

㈠主持辦事機構開展日常工作，組織實施年度工作計畫；

㈡向執行副會長、副會長、常務理事會報告工作情況；

㈢協調本會各專門委員會、表代構機、實體機構開展工作；

(四)提名辦事機構、專門委員會、代表機構和實體機構主要負責人，交常務理事會決定；

(五)處理其他日常工作；

(六)秘書長可委託執行副秘書長行使秘書長有關職權。

第五章　資產管理、使用原則

第二六條　本會經費來源：

(一)海內外各界人士和團體的捐贈；

(二)和平統一基金；

(三)其他合法收入。

第二七條　本會經費必須用於本章程規定的業務範圍和事業的發展，也可根據捐贈者的意願用於專項工作。

第二八條　本會建立嚴格的財務管理制度，保證會計資料合、真實、準確、完整。

第二九條　本會配備具有專業資格的會計人員。會計不得兼任出納。會計人員必須進行會計核算，實行會計監督。會計人員調動工作或離職時，必須與接管人辦清交接手續。

第三十條　本會資產管理必須執行國家規定的財務管理制度，接受業務主管單位財務部門、審計機關的監督。

第三一條　本會換屆或更換法定代表人之前必須接受社團登記管理機關和業務主管單位組織的財務審計。

第三二條　本會的資產，任何單位、個人不得侵占、私分和挪用。

第三三條　本會專職工作人員的工資和保險、福利待遇等，参照國家有關規定執行。

第六章　章程的修改程序

第三四條　本會章程的修改，須經常務理事會審議同意後報理事大會表決通過。

第三五條　本會修改的章程，須在理事大會通過後 15 日內，經業務主管單位審查同意，並報社團登記管理機關核准後生效。

第七章　終止程序及終止後的財產處理

第三六條　本會完成宗旨或自行解散，或由於分立、合併等原因需要注銷時，由常務理事會提出終止動議，經理事大會表決通過，並報業務主管單位審查同意。

第三七條　本會終止前，須在業務主管單位及有關機關指導下成立清算組織，清理債權債務，處理善後事宜。清算期間，不開展清算以外的活動。

第三八條　本會經社團登記管理機關辦理注銷登記手續後即爲終止。

第三九條　本會終止後的剩餘財產，在業務主管單位和社團登記管理機關的監督下，按照國家有關規定，用於發展與本會宗旨相關的事業。

第八章　附　則

第四十條　本章程經二〇〇四年九月廿七日中國和平統一促進會第七屆理事大會表決通過。

第四一條　本章程的解釋權屬本會常務理事會。

第四二條　本章程自民政部社團登記管理機關核准之日起生效。

附件三：滕則權會員的報告和建言

給大陸領導的一封信

尊敬的領導：您好！

此行隨中國全民民主統一會會長王化榛先生訪問北京，分別拜會中國和平統一促進會、國臺辦、黃埔軍校同學會、天津黃埔同學會、天津市海外聯誼會等。承蒙精心策畫安排與接待，得見當今中國強盛與民生富裕，超越漢唐文治武功。鄧小平先生真知灼見，帶領中國成爲超級強大國，這必將成爲歷史歌頌的輝煌年代。

廿多年前，鄧小平先生以無比的胆識魄力膽識與智慧，把兩岸退伍黃埔老將軍聚集一堂，化解過去恩怨情仇，開啓和平交流契機，如今的"兩岸一家親"逐漸形成。

自一九四八年國共內戰造成兩岸分裂分治，民族情感撕裂，如今仍在調和中，雖然一九七八年十二月十六日中美簽署正式建立外交關係，大陸釋放善意，停止砲擊金門、馬祖。兩岸不再兵戎相見，出現緊張現象，而開展了各項文化經貿和平交流，從小三通到大三通……各項簽訂有利民生經濟繁華景象。但戰爭問題始終未能終結，大陸甚至爲了防範臺灣獨立，訂立反分裂法！可以用武力解決，無疑給臺灣本土勢力找到「愛臺灣反大陸」正當合理藉口，給民進黨護衛臺灣守護神角色定位，購買美國武器防衛臺灣的正當性。如今臺灣爲了兩岸服貿條例，引發社會亂象，國際媒體關注，其關鍵也很明顯，只要與大陸簽署經貿協議都是賣台，一律反對，無論對與錯。

如，大陸能片面宣布終止兩岸戰爭，結束對立"中國人不打中國人"相信不只兩岸中國人，甚至全球愛好和平人士都非常歡迎支持的。中華民族是愛好和平崇尙孝道、倫理追求世界大同理想的民族，如今國強民富仍然無法化解六十五年前的戰爭。造成極大傷害的內戰，是五千年來民族的遺撼。如今的我們要非常理智負責任的向兩岸領導人呼籲，中國要強大必須要有大格局，停止沒有終結的戰爭，重修兩岸民族情感，爲未來五千年奠定富強更和平和諧太平盛世之基石，相信這是中華民族五千年列祖列宗的期盼，也是世界各國之期待。

中國在全球廣設孔子學院、孔子學堂多達一千五百多所，推行中國語文、中華文化表彰中國是愛好和平、講修身齊家、重倫理孝道世界大同，以此方式，全球人類必能共享和平，創造美麗幸福共榮地球村。這是偉大的中國夢，然而兩岸戰爭是大家尤其是大陸國家領導人疏忽還是遺忘，終究是不完美啊！”一室之所以不治，何以天下國家爲“自一九七八年十二月十六日大陸片面宣布停止砲擊金門馬祖迄今，兩岸的祥和就是很好的例証。習主席可在適當場會時機，宣布此重大善意訊息，終結兩岸戰爭關係，爲兩岸合作開啓新世代契機，這必能成功，不需臺灣方面同意，這是偉大國家領導人當做也應做的事。

一九三二年先伯父滕傑先生，結合黃埔同學組成”三民主義力行社“在蔣委員長領導下，推動中國史無前例的國家改造運動，如新生活運動、國民策訓運動等，將中華文化四維八德、禮義廉恥、忠孝仁愛信義和平簡單明白的教育灌輸到每一個中國人，除了強健體能軍事化的訓練，有國家民族意識，更要有文化內涵，成爲有氣質的中國人。經過六年（一九三二—一九三七）準備獲得八年抗戰的勝利。如今中國強大，習主席一再以孔子儒家仁民愛物、世界大同理念宣揚中華文化，這都是中華文化傳承，是一位偉大的世界領航者，帶領世界共圖世界大同的中國夢。

中國人一向以自掃門前雪，休管他人瓦上霜。自私心態，影响所及造成家族、種族分裂意識。如今台獨、疆獨、藏獨……因缺少國家意識。但在抗戰期間全國推行"我爲人人，人人爲我"把人與人關係拉近了，從此融爲一體的人與社會進而家族種族與國家是一體的，不再是分離的，故國家興亡，人人有責。國家是大家的，不再只是口號，國家團結才會強盛壯大，尊重每一個人的基本人權，則每一個人不再孤單落寞，中國是我們的國家，是我們大家引以榮的國家，如此我們才能血濃於水，成爲生命共同體。

一八九五年甲午戰爭滿清戰敗，馬關條約割讓台灣，臺灣淪爲日本殖民地，九一八事件東北被日本佔據，經過六年國家改造運動，強健了，七七事變毅然對日本宣戰，終於戰勝日本，中國強盛了，臺灣回歸中國版圖，但一九四八年國共內戰，國民政府退守臺灣，金門廈門成爲戰場，嚴重傷害民族感情，所幸鄧小平先生，先知先覺，啓動兩岸消弭仇恨，建立一家親平臺，期待二〇一五年一月一日金門縣一百週年之際，金門廈門不再有戰爭，要相親相愛，互助合作，成爲中立和平經貿特區，在金門這塊土地能結合各界力量，建造孔廟、成立孔子學院，進而成爲兩岸文化交流平臺，如此必能化解兩岸恩怨，浴大鳳凰，建造文明和平勝地。豈非安慰陣亡將士英靈。護佑中華民族。

另一九四九年十月廿四日共軍一萬多兵力，登陸金門古寧頭，造成約一萬人死亡，埋骨金門，但今基於人道，應設法將陣亡共軍遺骸接返大陸安葬，以慰亡魂。從此金、廈甚至兩岸不再有戰爭，帶來永遠的和平與繁榮，則他們的犧牲是非常有價值的。

中國和平統一會（執行委員）滕則權敬上

附件四：上官百成
──「八百壯士」精神的傳承與發揚

「八百壯士」的精神，謝晉先團長、上官志標連長和女童軍楊惠敏的故事，在我們全統會成員這個「年齡層」，絕不會忘記，這是我們的精神寄託。

但很不幸的，新一代台灣年輕學子已沒幾人知道。可以進行抽樣調查，詢問任何高中大學生「謝晉元是誰？」保證得到答案可能是，「昨晚飆車撞死人那位」或「是不是謝長廷的弟弟」！啊！台灣社會走到今天，真是國家民族的不幸！

「八百壯士」、謝晉元、上官志標、楊惠敏等史實和精神，大陸正在試圖復興並發揚；反之，在台灣正在斷絕、遺忘中，但有一個人正在運用他有限的生命、時間，要把八百壯士精神傳揚下去，他就是八百壯士中五二四團第一營的一個連長上官志標之子上官百成，這真是千載難有的「血緣．因緣」關係，由兒子來說父親的故事，最有說服力和感動力。

上官百成正好是我們全統會成員之一，他是中國現代史珍貴的「活歷史」，只有他還能和「八百壯士」通電、通靈，所以他也是兩岸目前重要的「資產」。有這樣條件的人在全統會，但本會並未善加「利用、運用」，每回聚會只是吃吃飯，殊爲可惜，很可惜！

以下旺報記者王超群、上官百成和中紅藍文章及圖片等，都是百成兄在全統會聚會分發。我將該圖文再置本書附件，重要目的和意義有：

第一、關於中國近現代史（尤其抗倭部份），在台灣不僅正在「寂滅」中，也正在質變中，這很可怕，忘記歷史者，相同的災難必再重現；更何況！亡人之國，必先亡其歷史文化。百成兄提供史料，相當程度上有助於近現代史真相之揭發，讓下一代人知道「八百壯士」精神，我的重刊亦助百成兄一丁點兒力也。

第二、「八百壯士」這段史實，台灣在兩蔣時代我們大大的發揚，但從老番癲李登輝和貪污犯陳水扁兩位大漢奸開始，被曲解並邊陲化；而在大陸也被扭曲，真相不明。近年大陸雖有意還原近現代史，時程會拉得很高，到社會大眾都知道真相，至少三十年以上，我們這代人大多數已「掛」了。故，本書重刊這些史實，至少我和百成兄曾經努力過。

第三、百成兄是本會會員，但我相信仍有不知他的背景，不知道他正是八百壯士上官志標的兒子，就算知道也不清楚百成兄正在努力的人生大業爲何！重刊他的文章可以讓會員對他更多了解。

第四、百成兄所努力和本會宗旨是一致的，本會須要結合更多相同理念的人共同努力。百成兄可以在本會有更多的發揮，担任更重要職，對本會的發展、壯大是有利有益的，我的重刊百成文章和圖片、資料等做爲一種「證據」，給本會所有會員參用。也再一次幫百成兄的人生大業做宣傳工作，以下是本附件之主文。

上海電視台專訪謝晉元副手之子暢談八百壯士奮戰事蹟

／■記者王超群／台北—上海連線報導

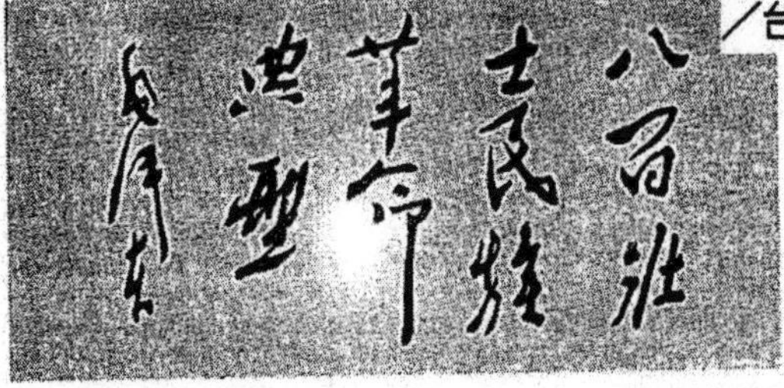

◀毛澤東在六屆六中全會講話讚譽並親書「八百壯士民族革命典型」。（上官百成提供）

在大陸的日子，重要的院、部、會、各省政府政治軍事經濟教育文化等重要的記錄都在二檔館。

王曉華表示，八百壯士後來的故事，即他們進入租界之後，在孤軍營裡的故事更為人所不知，用電視連續劇來展現八百壯士在整個抗戰時期與日寇的抗爭就更有必要。有鑒於此，他正與江蘇電視台、上海電視台等製作單位聯繫，設法與台灣方面聯手，籌拍八百壯士。已經寫了28集的八百壯士的故事大綱交給有關方面，希望能得到支持。

搶救謝晉元被刺六刀

上官百成父親上官志標為福建上杭縣人，1932年入南京黃埔中央軍校軍官班第一期學生，與謝晉元團長同屬步科班出身，四行倉庫保衛戰中，即由他率著「鐵錘連」捍衛倉庫底層，堅守四扇重要大門，配合謝晉元團長調度，不斷給予日寇迎頭痛擊。上官志標當時為搶救謝晉元被刺六刀，死裡逃生，1947年隨國府來台接收，後任台南縣兵役科長。上海市目前的晉元中、小學都在上官志標的催生下設立。

上官百成為準備此次赴滬受訪與人在廣州、親歷淞滬保衛戰的107歲黃盛鵬越洋取得連絡，黃盛鵬當時是有老虎團長之稱王漢庭的部下。上官百成說，黃盛鵬老人深切希望中國抗日的血淚故事後人不致遺忘。

四行孤軍浴血抗日

釣島風雲緊急，上海電視台紀實頻道《往事》節目為國軍「八百壯士」製作歷史訪談系列，邀請死守四行倉庫、譜寫抗日史詩的國軍團副上官志標之子上官百成赴滬接受訪問，上官百成表示，八百壯士可歌可泣的一頁抗日史，值得兩岸更多關注，早在1938年毛澤東就在六屆六中全會讚譽並親書「八百壯士民族革命典型」，這段歷史是國共合作抗日的具體事證。

旺報, 2013. 2. 19. A8.

中國第二歷史檔案館研究員同時也是民國史專家王曉華指出，八百壯士是抗戰初期，中國軍隊在上海地區與日寇激戰時一段可歌可泣的故事，現在很多人對八百壯士堅守四行倉庫的具體場面、細節卻不知道，請上官百成親自講述那段故事，再帶上其父救助謝晉元時的血褲、墨寶、圖章等，一定有說服力，這是他為上海電視台紀實頻道《往事》節目邀訪上官百成的原因。

王曉華表示，《往事》節目是一個辦了近十年的金牌節目，在大陸及東南亞一帶都有很大的影響力。

籌拍八百壯士故事

中國第二歷史檔案館即國府「國史館」，王曉華半輩子都在檔案的故紙堆中度過的。中華民國

◀1937年謝晉元（前坐者）在上海租界孤軍營，和五二四團第一營四位連長合影；後排右1為第一連連長上官志標上尉。（上官百成提供）

▼上官志標（前右第一位抬棺者）在隆重國葬謝晉元儀式扶棺。（上官百成提供）

紀念「七・七」事變——
「八・一三」會戰兩岸抗戰老兵後人的話

採訪撰文 / 上官百成、中紅藍

「數風流人物，還看今朝。」這是抗戰勝利後一九四五年國共談判期間作為在國共歷史上都擔任過要職的政治家毛澤東唱出的淩雲壯志。筆者以為這也是毛澤東對為抗戰勝利、浴血奮戰的所有風流人物中國將士們的讚譽。

「七・七」蘆構橋的槍聲，點燃了中華民族全民抗日的戰火。隨即「八・一三」淞滬大血戰開始。日軍想三個月滅亡中國，「不須放屁，試看天地翻覆」。這是寫出《論持久戰》抗日軍事文章的毛澤東得大陸天下後，喊出的革命詩詞。僅淞滬大會戰就打了四個月。對在上海蘇州河四行倉庫裡勇敢抵抗日寇的國軍八百壯士，毛澤東當年題詞稱頌「八百壯士民族革命典型」。

在今天兩岸和平發展，日本妄想占我釣魚島，又值「七・七」、「八・一三」抗戰76周年的紀念時刻，展示毛澤東的題詞，更是請當今兩岸主政的有識之士明鑒：對抗戰史的敘述（包括影視劇製作播放）要有神聖、客觀、嚴肅的思想指導。對所有抗戰史的場館的建設要加大力度與廣度。這樣也就在向世界宣示：萬里長城寸寸昂揚，抗戰精神，代代發揚。以史鎮鬼，中華民族被欺淩的時代一去不復返了。歷史固然由勝利者來書寫，這是封建社會改朝換代的邏輯。然而，公理必將戰勝強權；公平正義必將代替邪惡與專權。

一個集體失憶的民族是危險的，「滅國先滅史」有這古訓，尤其有意閹割歷史，那更可能是導致亡國的信號。日本人至今唯獨對中國不認錯，那是因為我們太過於寬宏大量，既不要戰爭賠款，也不嚴懲戰爭罪犯，反而要感謝人家的「幫助」。

2005年是偉大的抗日戰爭勝利六十周年，為了教育後代，不忘這段悲壯的歷史，以史為鑒，當年八佰壯士英雄謝晉元團長的團附上官志標，其台灣獨子上官百成先生開始寫回憶文章，在美國發行量最大的華人報紙《世界日報》（2005年11月20日）上，刊載其父上官志標團附的介紹：

「上官志標，字升平，福建下杭縣人。上杭中學畢業，1932年元月至1933年6月入南京黃埔中央軍校軍官班第一期學生。畢業後參加陸軍19軍60師、78師、88師，上海四行孤軍，與謝晉元團長同屬步科班出身。其戰略和文化水準甚高。畢業後，旋投入沙場，以其智勇雙全，參與無數大小戰役。十八年中，迭創不凡戰果。四行倉庫保衛戰伊始，即率其著名的『鐵錘連』捍衛倉庫底層，堅守光復路和國慶路前後四扇重要大門，使之如銅牆鐵壁般，令日寇很難動其分毫。並常以獨到的謀略和戰術，配合謝團長的調度，不斷給予日寇迎頭痛擊。複適時善用東邊的煙紙店，與租界的英軍，義勇的童子軍妥善聯繫，對於守軍的補助、重要接渡、消息傳遞、租界群眾之熱烈迴響等，幫助甚大，堪稱居功厥偉！

「上官志標曾任江蘇保安四縱隊獨立支隊長、第三方面軍政治部、第一綏靖司令部政治部主任科長。十八年間中參加過北伐、抗戰等大小戰鬥無數，35 歲官至上校。1947 年奉台灣省台南師管區司令前 88 師參謀長張柏亭中將之邀，前往接收台灣，後轉任台灣省台南縣政府兵役科長。

「當年為搶救謝晉元團長被刺六刀重傷，雖未能代為殉國，仍背負謝晉元團長遺體離開現場。其獨子上官百成現仍努力捍衛四行倉庫抗戰史料，保有上官志標被刺六刀重傷之血褲、八百壯士全體贈送後起團長上官志標為搶救謝晉元團長被刺六刀重傷之受傷紀念戒指、紀念冊及謝晉元團長之私章、遺墨。

「1975 年八百壯士遺族上官百成依據先父八百壯士後起團長上官志標遺留之手稿及資料彙編成《八百壯士與謝晉元日記》壹書，由華欣文化事業中心出版。1976 年建議由中央電影公司辜董事長振甫（前海基會董事長）等負責改攝為《八百壯士》電影在海內外發行，並參加亞洲影展榮獲七項大獎，馳名海內外。

「1985 年再增攝《八百壯士》續集《旗正飄飄》電影，兩部影片上官百成均參加演出，在海內外電影及電視頻道播出，成為愛國教育之經典教材。

「抗日主題曲《中國不會亡》（抗戰勝利後改為《中國一定強》）

「中國不會亡，中國不會亡，
「你看那民族英雄謝團長；
「中國不會亡，中國不會亡，
「你看那八百壯士孤軍奮鬥守戰場。
「四方都是炮火，四方都是豺狼，
「寧願死不退讓，寧願死不投降。
「我們的國旗在重圍中飄蕩，飄蕩……
「八百壯士一條心，四方強敵不敢當。
「我們的行動偉烈，我們的氣節豪壯。
「同胞們起來，同胞們起來，

上官百成

Brain

0922-943-281

八百壯士上官志標(美國)基金會主席
中華民族和平統一促進會發起人暨副理事長
孫中山國際基金會總會常務理事兼中華民國分會會長
世界客屬總會常務監事

TEL & FAX: 886-2-2599-5322
Mobile: 886-922-943-281
e-mail:brain0719@gmail.com/brain0719@yahoo.com.tw

著有『八百壯士與謝晉元日記』壹書，已改攝爲『八百壯士』、『旗正飄飄』二部電影，『上官志標傳』已編入台大、師大、輔大、五專國文教科書

中影頒發獎牌時之紀念照，左為上官志標夫人
中為顧祝同將軍，右為上官百成先生

「快快上戰場，把八百壯士做榜樣。

「中國不會亡，中國不會亡，

「中國不會亡，中國不會亡……

「不會亡，不會亡，不會亡……」

詩言志，歌詠情，抗戰歌《中國不會亡》誓死不做亡國奴的激情，也一直激勵著筆者浙江余姚老家族親叔字輩董世濃抗戰老兵身上。2007 年上海淞滬抗戰館史料徵集員採訪他，當回憶完自己參加「八・一三」抗戰負傷去貴州療養好後，回家務農，歷經磨難，一直堅持到農村改革開放，90 歲的他深有感觸地說「貧窮比做亡國奴強」。如今這位我老家的大陸抗戰老兵與台灣抗戰老兵上官志標都已成為光榮的往身之人了。但他們倆當年參加淞滬抗戰的精神都永遠留給了我們後人，這就是生死奉獻民族，不管艱險困苦，堅信正義公道。

上官百成先生的回憶文章中，接著真情地說：「歷經日軍的迫害和戰火之摧殘，抗戰勝利後，經過上官志標團長透過報紙書信的召集，回到上海的八百壯士只剩兩百人左右。經過上官團長的安排，讓他們各自重入軍旅、回歸故鄉或滬地就業。同時，他還率八百壯士餘部呈請政府，將膠州路改為晉元路，膠州公園辟為晉元公園，復協創晉元中學，現已成為上海

上官百成先生與楊惠敏女士合影

李登輝總統親自接見好人好事代表上官宗彥先生

由左至右分別為上官百成先生，上官百成夫人
上官志標夫人，上官宗彥，上官弘彥

市十一大重點中學。1945年十月二十六日，更為謝晉元將軍舉行公祭大典，特邀天主教南京教區主教于斌主祭，場面十分感人而隆重。並重行修葺謝將軍墓園，立有青天白日國徽。後因青天白日國徽毀於文化大革命，憑上官志標團附帶領八百壯士餘部所設計建立之墓碑暨墓誌銘，文革後得以抗日民族英雄獲得平反，重葬於上海與宋慶齡同墓園之名人墓園中。

「上官志標團長（1948）年接收台灣，後轉任公務員任職台南縣政府兵役科長，至（1967）年因公積勞成疾殉職於任內，《上官志標傳》列入學校五專及台灣大學、師範大學、輔仁大學、福建同鄉會等國文教科書。謝團長和上官團附領導八百壯士堅守四行倉庫的英勇壯烈事蹟，至今仍為海內外人們傳揚歌頌。

「有感於世間之論『八百壯士』，只知團長謝晉元，而鮮知有團附上官志標。謝晉元團長之生前，有得於先父上官志標之全力支持鼎力協助。而謝晉元團長殉國之後，得於先父上官志標之承繼戮力發揚光大：其後先父上官志標所經歷之艱危險阻，實更倍於謝晉元團長，而其所激發之民族浩氣，與謝晉元團長同爭光日月。

「在抗日初期，政府領導上海決戰，展開慘烈的淞滬會戰，雖然日軍得到海空軍優勢支持，消耗國軍部分兵力，但也激起國共合作軍民同仇敵愾，團結抗戰，終贏得八年抗戰最後勝利。但中日戰爭破壞至巨，超過五千萬人數傷亡，財產損失更是難以估計。身為『八百壯士』後裔之一，祈願先烈熱血不要白流，願以此為鑒，世人應記取教訓，不再掀起戰端，世界和平永遠確保，誠為兩岸人民百姓之大幸也，兩岸共同弘揚『中國一定強』之黃埔精神。

「擬建議中國政府暨上海市政府及台灣當局促成下列三點並祈示覆：

「【1】現已完成二十集大型愛國主義電視連續劇八百壯士初稿，懇請指導、促成拍攝為禱。

「【2】懇切祈望世人組團赴上海參觀四行倉庫，

檔號：H1-1-151-34

檔號：H1-1-28-15

盡速成立抗戰倉儲博物館及蘇州河等整修工程（上海投資近四十億人民幣），並向上海市提出建言，作為世人暨兩岸人民觀光旅遊勝地，弘揚『八百壯士』之精神。

「【3】祈望中國中央政府，無償提供上海四行倉庫，成立兩岸愛國文化、經貿協商交流單位。台灣由八百壯士後代參與協商交流工作，以增進凝聚兩岸人民彼此的瞭解與弘揚愛國情操。

「擬懇請先進鈞座重視採納建言，促有關單位協助配合，增進凝聚兩岸人民合而為一及彼此的瞭解，激勵兩岸人民，由歌頌進而實踐『中國一定強』的愛國情操。

「敬祝：

「國運昌隆，萬事如意！

「兩岸早日和平統一！」

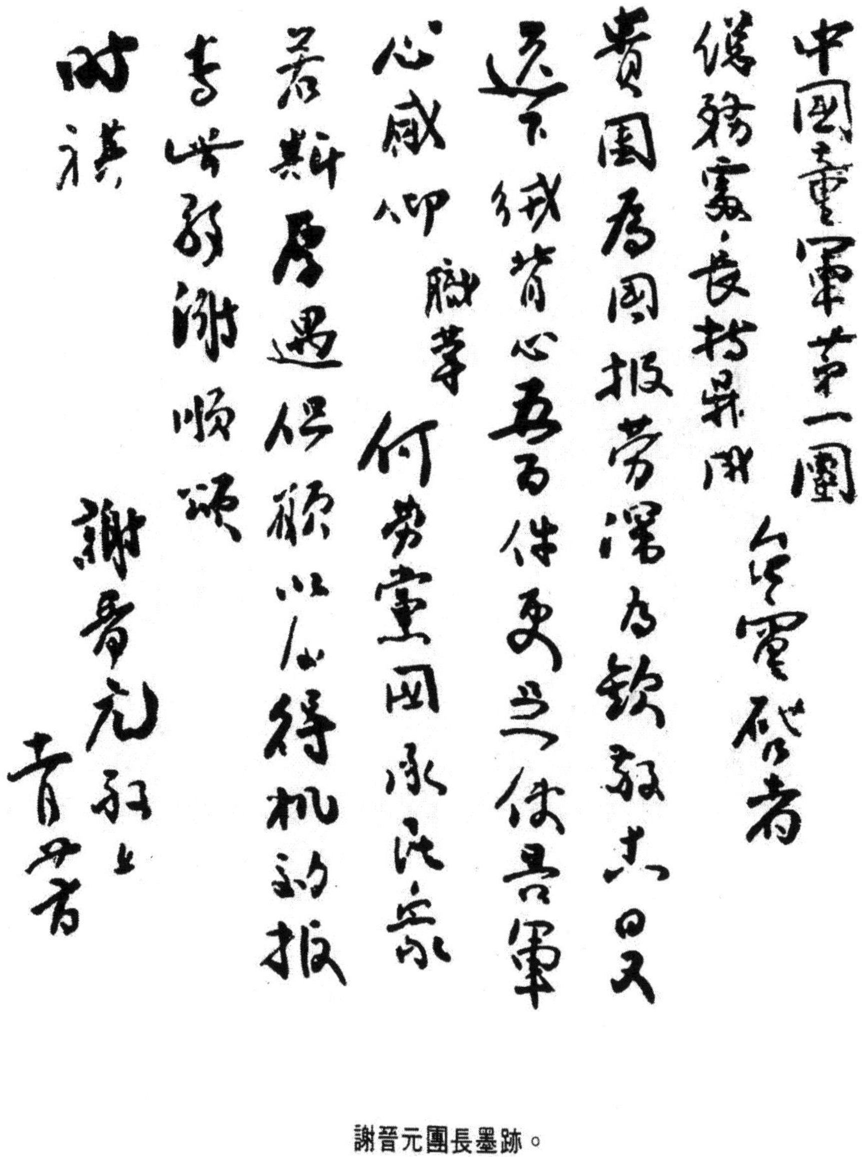

謝晉元團長墨跡。

bB4/4

中國一定強

抗戰時原曲為『中國不會亡』弘揚『忠義精神』

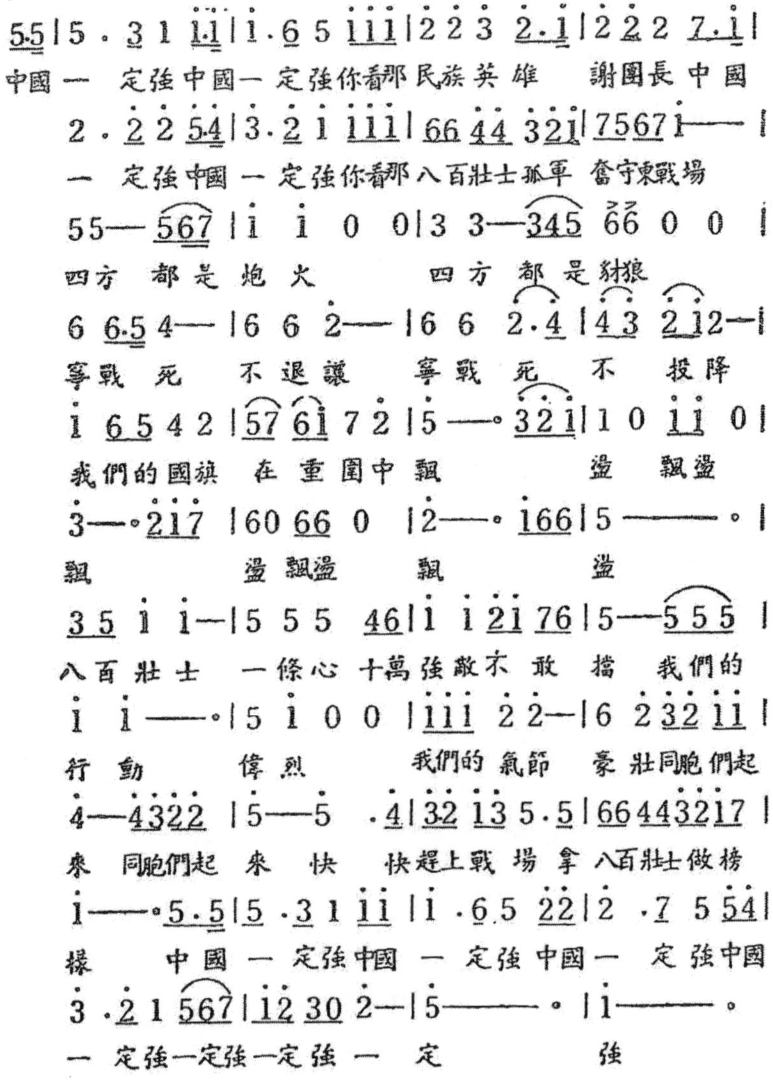
中國一定強中國一定強你看那民族英雄謝團長中國
一定強中國一定強你看那八百壯士孤軍奮守東戰場
四方都是炮火四方都是豺狼
寧戰死不退讓寧戰死不投降
我們的國旗在重圍中飄盪飄盪
飄盪飄盪飄盪
八百壯士一條心十萬強敵不敢擋我們的
行動偉烈我們的氣節豪壯同胞們起
來同胞們起來快快趕上戰場拿八百壯士做榜
樣中國一定強中國一定強中國一定強中國
一定強一定強一定強一定強

耑陳

中國共產黨中央委員會 習總書記 近平先生 閣下
中國國民黨 馬主席 英九先生 閣下
上海市 韓市委書記 正先生 閣下
台北市郝市長龍斌先生轉陳 郝(伯伯)院長 柏村上將 閣下
上海淞滬抗戰紀念 唐館長磊先生 閣下 鈞鑒:
敬祝 賢達 忠義 仁人先進 閣下:如意 安康 愉快 !

【懇請 指導 促成 轉載!】

★響應 近平總書記 昭示 深化改革完成 ♡中國夢♡ 英九 總統全面革新! ★

★ 上海淞滬會戰是役決定 ♡ 中華民族存亡!♡
♡ 是人類戰爭史上最光榮慘烈展示中華民族 忠孝節義 國魂之戰役 ♡
♡ 第三戰區 88 師 524 團第 1 營《八百壯士》光榮死守上海-閘北 - 蘇州河伴之《四行倉庫》♡
♡ 寧戰死 不投降! 寧戰死 不退讓! ♡
♡ 讓我們的國旗在重圍中-飄蕩!飄蕩! ♡
♡奠定 《中國不會亡》 中華民族對日抗戰勝利之基石!♡

★1937 年 8 月 13 日起至 11 月下旬近四個月間，中日之淞滬會戰，日本揚言三個月滅亡中國，攻佔上海只要三天! 結果戰鬥近四個月，上海仍未攻陷佔領，戰場傷亡近百萬人!
日本侵華戰爭如果中國失敗，您我將變成亡國奴 說日本話之皇民!…
從:【『中國不會亡』 至 『中國一定強』
到『兩岸和諧 中華民族一定興』 『台灣同胞會更好』】
讓華人完成 ♡中國夢♡ ♡中國夢♡ ♡中國夢♡ 《大團結》!
♥※八百壯士 有血有淚 弘揚 忠 孝 節 義 為民族革命之典型 ※♥

★明 2015 年為紀念抗戰勝利 70 週年 擬提案!

【1】擬 建議 懇請在上海淞滬抗戰紀念館大門館前,設立「八百壯士死守之四行倉庫」之模型範本其後樹立「上海淞滬會戰四行孤軍營及為國殉難烈士 壯士記念碑」等…!
【2】擬 懇請支持擴建併增加兩岸國共合作抗日完成之戰爭史料,以提振中華民族和諧,大國崛起之國魂與風範…!!!
【3】懇請 鈞座諸公 賢明先進仁人 指導促成回復!

八百壯士 後起團長 上官志標基金會主席 上官百成(哲嗣)
致敬 鞠躬敬禮 2014 年 3 月 12 日

★ 【說明】

【1】上官百成著有「八百壯士與謝晉元日記」一書改編為「八百壯士」與「旗正飄飄」電影，上官百成並參加紀念演出，「八百壯士」電影 1976 年耗資 1 億 4 仟萬台幣，在亞洲影展獲得七個大獎，是提升國魂台灣戰爭場面最大之電影!

1

【2】上官百成在「八百壯士」電影發行,在亞洲影展獲得七個大獎后,百成即書函建請 前中共 鄧小平最高領導人及前 國家副主席 榮毅仁舅舅暨中共領導階層等促成...,於上海臨江公園耗資約2億人民幣建立《上海淞滬抗戰紀念館》暨閘北《四行倉庫成立八百壯士紀念館》等…現正整建 擴充兩岸內容 升格之中…。

【3】先父 八百壯士 後起團長 上官志標,傳記列入台灣大學、師範大學、輔仁大學、五專國文課本、福建同鄉會等…, 世居福建省龍岩市上杭縣杭中路約六百年上官百成為24代,先母 上官榮美英(淑偉)世居江蘇省無錫 榮巷,與前 國家副主席 榮毅仁舅舅之妹妹榮墨真一起讀 榮家祠堂小學同一相聯書桌共同成長,高中畢業於上海市民立女中。

先父八百壯士 後起團長 上官志標因搶救謝晉元團長被刺六刀重傷,率團於太湖地區組游擊隊打擊日本軍閥,1945年抗戰勝利即回上海招集存活之八百壯士,為之安置工作或輔導返鄉,並重新安葬 謝晉元團長,成立晉元公園、晉元路、晉元中、小學, 晉元中學現已成為上海重要之重點中學。

1946年先父上官志標陳文最高領導人,派船2艘1艘至上海1艘至廣州,營救被日本軍閥強押至新幾內亞3千餘人僅存活之約1千5百之軍奴內有36名八百壯士返國,國史館暨國防部皆有專書記載,而後隨88師參謀長前台灣軍管區司令張柏亭中將,電報徵召至台南接收台灣。

長子一家四口現在蘇州經商已有15年,三子畢業於台灣大學國際企業學系,小女畢業於上海復旦大學國際經濟與貿易學系,長孫女畢業於廈門大學新聞系. 長孫就學於蘇州高中。

【4】懇請 指導 支持 促成項目:

《A》 已完成上海淞滬會戰八百壯士 影、視連續劇本26集,擬 懇請協助、指導 尋求由李安及兩岸等...
國際奧斯卡導演及演員製作 改編!

《B》 懇請 對上官百成現已成立《♥八百壯士 愛國文化推廣 網站♥》提供卓見 以茲符合♡ 華人 和諧 團結 成為中華民族 大國崛起努力以赴之國際風範 ♡!》

♥八百壯士 愛國文化推廣 網站 其連結網址為:

1. http://for800heros.blogspot.tw/
2. http://for800mans.blogspot.tw/
3. http://for800mans.byethost7.com/

《C》誠徵對影視、抗戰愛國史有興趣之合作夥伴與團隊 懇請 提供合作改進卓見!

★上官百成 台北(中華)電話
+886-922-943-281 +886-2-2591-8640 傳真:+886-2-2599-5322
E-mail:brain0719@gmail.com;brain0719@yahoo.com.tw
★WeChat(微信)ID:(1)brain07191946 (2) brain5
★Line ID:(1)brain0719 (2)0970585987

展馆情况 Introduction to Exhibation Center

2009年3月13日，国务院正式批复建设中关村国家自主创新示范区，继续发挥中关村在推进创新型国家建设、探索中国特色自主创新道路中的示范作用。使中关村真正成为具有全球影响力的科技创新中心。2010年,北京市决定建设中关村国家自主创新示范区展示中心。

中关村国家自主创新示范区展示中心位于海淀公园北部，占地58880平方米，总建筑面积55586平方米，主要功能集展览展示、教育培训、成果展示、会议论坛、公共安全教育为一体。整个建筑由展示中心、会议中心和公共安全馆三部分组成。展示中心建设于2011年1月，2011年7月1日正式挂牌。展示中心在建设中严格按照国家绿色三星标准,大量采用中关村高科技园区自主创新技术、材料和设备。

“会呼吸”是展示中心的一大亮点。展示中心的新风启停是通过对室内二氧化碳指标的检测而控制的。当二氧化碳指标超过设定值时，通风系统就会抽出旧空气补入新空气，使室内自动保持新鲜空气并实现了节能。水源热泵配之以中空玻璃及隔热断桥技术是保证室温的同时又实现节能的另一亮点。太阳能采光板的使用，使场馆应急用电及地下停车场实现了太阳能供电。为了节约用电，展馆除采用LED夜间照明外，还采用了声控技术，当有人经过时，局部区域的灯会点亮，离开时便自动熄灭，以充分达到节能目的。

中水处理站采用中关村自主知识产权的污水处理技术——速分生化处理工艺，实现了该中心区域内的污水经处理后用于绿化、道路浇洒、洗车、冲厕等用途。展馆屋面其特点造型不仅新颖美观，更重要的是雨水收集系统。广泛布置于屋面的雨水收集系统为充分利用水资源再添一笔。众多的科技手段把环保、科技、节能的理念融为一体。

展示中心是世界了解中关村的窗口，兼具成果展示、项目发布、交易洽谈、文化传播、会议论坛、教育培训等多项功能。

本馆展示面积16000平方米，集中了中关村“641”产业精选的200余家重点企业的1000余项科技创新成果。

附件五：中關村國家自主創新示範區展示中心

展示中心北区以“文化创新”为主题，侧重中关村历程和创新举措成效、智慧城市、设计之都等关乎企业、民生的内容；南区以“创新驱动”为主旨，侧重3D打印、集成电路、节能环保、大数据和信息安全、新型显示和终端、生物和健康。

3D打印技术 3D Printing

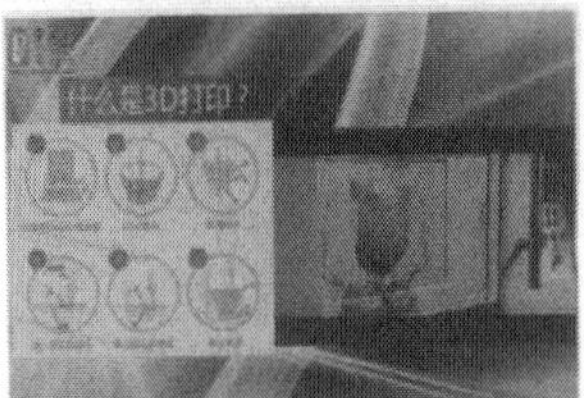

3D打印展区展示的是中关村示范区近年来在3D打印产业上取得的重大创新成果。

2011年，一本名为《第三次工业革命》（作者：美国经济学家杰里夫.里夫金）的畅销书预言：新能源与信息技术的融合，将推动生产模式由大规模集中式生产转变为高效节能的分散式个性化生产，这一重大转变对人类的经营模式和社会分工带来革命性影响。而以3D打印为代表的数字化生产技术是推动这一革命的强大引擎。因此，3D打印也被称为第三次工业革命的标志性技术。于是，一股强劲的3D打印浪潮席卷整个世界,引发人们对这项技术的广泛关注和深度思考。

集成电路 Integrated Circuit

集成电路展区所展示的是中关村示范区近几年来能够代表我国最高技术水平的重大科技成果。

所谓集成电路就是通过一系列半导体加工工艺，将一个电路中所需的晶体管、二极管、电阻、等器件互连，“集成”在一块硅片上，并把它封装在一个外壳内，成为具有特定电路功能的微型结构。集成电路从发明到现在已有55年的历史，它是信息技术的重要载体，手机、电脑、电视、LED灯里都装着许多不同种类的集成电路，芯片无处不在。

新一代信息技术 Next Generation Information Technology

中关村是国内最具优势的新一代信息技术创新策源地，引领了软件、互联网、移动互联网、大数据等多次产业变革浪潮。目前，中关村已初步培育形成下一代互联网、移动互联网和新一代移动通信、卫星应用等产业集群，聚集了联想、用友、百度、京东、小米、拓尔思、超图软件等一批行业领军企业，在通信标准、移动操作系统、信息安全、社会化媒体、语音识别等产业链关键环节具有突出优势。

本展区集中选取中关村具有代表性的创新成果，重点展示大数据、下一代互联网、新一代移动通信、北斗卫星应用、信息安全等前沿领域。

智能终端与新型显示 Smart Device & Display Technology

智能终端与新型显示是信息产品消费的核心载体和信息内容消费的重要平台，是技术创新、产品创新和商业模式创新的重要推动力。中关村迅速崛起的智能终端与新型显示产业，率先打破了国际企业对高端消费电子产品的技术垄断，成功引领我国信息产业转型升级。

中关村智能终端产业发展迅猛，小米、联想、乐视等一批创新型企业，成功推出基于互联网的新型网络电视、手机、平板电脑等各类智能终端产品，创造了“软件+终端+服务”的新型商业模式，为促进我国消费电子产品技术升级和移动互联网应用创新探索出一条成功路径，成为新的经济增长点。

生物和健康 Biotechnology & Pharmaceutical Industry

中关村是我国生物和健康领域创新资源与医疗资源最为密集的区域之一。在生物芯片、新型疫苗、分子育种等领域，处于国内外领先水平。产业集群发展已初见成效，形成了以中关村科学城、中关村生命科学园为核心的北部创新中心和以大兴、亦庄生物医药产业基地为核心的南部高端制造中心。2012年，产业总规模突破1000亿元，增长率连续七年超过20%，利润率连续九年实现全国第一。

本展区集中选取中关村具有代表性的20项创新成果，分别从下一代基因组学、个性化医疗、高端医疗装备、疾病预防和分子育种五个方面进行展示。

新材料产业 New Material Industry

新材料是现代科技进步和经济发展的重要标志，其本身既是高新技术产业的重要组成部分，同时又是其它高新技术产业的基础和支撑，因此被各国认为是21世纪最重要和最具发展潜力的高新技术领域之一。

中关村以其全国独一无二的强大科技资源优势，在国内新材料科技与产业的发展中占有举足轻重的重要地位，具有涵盖领域广、创新能力强、前沿与应用并举、高端发展的特点。

近年来，中关村新材料产业发展渐成规模，产业结构不断优化。截至2012年末，中关村的新材料企业超过900家，拥有25家上市企业。企业全年总销售收入突破2600亿元，利润总额近100亿元，申请专利超过 2000件，形成了一批先进的技术创新成果。

节能环保与新能源 Environmental Protection & New Energy Industry

节能环保和新能源展区以生态文明、美丽中国为主题，主要展现了中关村在水处理、大气治理、节能降耗、环境修复、固废资源化、新能源等6大优势产业集群的20多项具有广泛应用前景的技术成果。

作为第一个国家自主创新示范区，中关村始终引领我国环保新能源产业发展方向，在污水处理、大气治理等多个领域处于国内领先地位，形成了以节能环保技术服务、工程总包为核心竞争力的产业集群。2012年节能环保和新能源产业总收入达3300亿元，约占全国1/10,连续多年保持20%以上的增长率，成为国内最大的节能环保和新能源产业技术辐射中心，为我国生态文明建设提供了强有力的科技支撑。

附件六：唐·舒爾茨：百度是極其重要的品牌建設平台

信息技術的發展改變了整個市場，我們需要建立起一種新的以消費者為中心的交互式市場營銷體系。

二〇一三年十一月廿一日，百度 MOMENTS 營銷盛典在北京召開。世界整合營銷之父、美國西北大學教授唐·舒爾茨親臨現場，分享了全球最新的六大營銷變化，以及在互聯網浪潮之下應該如何去創建品牌。

唐·舒爾茨介紹到，信息技術的發展改變了整個市場，我們需要建立起一種新的以消費者爲中心的交互式市場營銷體系。目前，大部分廣告主品牌建設的方式遠遠落後於市場，沒有跟上消費者的變化，還停留在單向地、勸說式地向消費推送信息，這不利於企業在數字時代創建品牌，企業的品牌建設的方式需要進行革命性變化。

他強調道，廣告主必須要學會以消費者爲中心，關注重點需要從產品轉向用戶，從商家控制變成用戶響應，從說服客戶購買轉變爲讓用戶加深對產品的理解。

此外，企業還要需要善於利用，以百度爲代表的，了解消費者需求的媒體平台來建設品牌。

同時，科技日新月異，全球互聯網環境的不斷變化，新技術的不斷湧現，也對企業的品牌建設提出了全新的挑戰，這具體體現爲：

第一、用戶獲取信息發生變化，以前，企業掌握信息優勢和主動權，消費者被動接收。而現在，消費者可以隨時隨地，自主地獲取信息，企業和消費者現在擁有的信息一樣多。同時，搜索成爲主流的信息獲取工具，幫助人們便捷地獲取信息，也將品牌與消費者連接在一起。

第二、消費者行爲式的大數據數量呈現幾何式增長，從二〇〇五年到二〇一二年的七年間，全球信息總量增長了二十倍，根據預測，到二〇二〇年數據量將達到**40026EB**。與此同時，信息的同質化和碎片化導致信息可用性低，有價值的信息獲取難度增大。如何有效地分析和管理數據，並由此來研究消費者的行爲特征，成爲非常重要的問題。

第三、消費者的使用設備從 PC 端轉向移動端，全球範圍內，手機訪問占所有在線活動的 1/3。在中國，移動搜索在十八個月內增加了 232%，而 PC 搜索僅占 48%。品牌如何通過移動端的渠道與消費者進行溝通，成爲未來最重要的課題。

第四、人們的消費需求傾向於通過一站式購物來解決。在互聯網時代，消費者行爲極其活躍，他們的購物需求往往需要有極其便捷的通道來滿足。企業應該考慮的問題是，消費者需要什麼樣的商品，你如何更方便地滿足，而不是你想要賣什麼樣的商品給他。

第五、消費者對於品牌的意識和偏好度下降，消費者會基於商品和並非基於品牌去做選擇。以美國某強勢的運動品牌爲例，過去十年間，其品牌偏好度人群平均下降 1.68%，專賣店和商場品牌偏好度人群下降 0.98%，無偏好群體增長 1.38%。因此，即使是經典品牌也主必須抓住每一個展示自己的機會，學會用消費者的語言與他們溝通。

第六、了解消費者的收入至關重要，關鍵就是要能管理消費者的收入流。企業必須深度了解消費者的購買水平和訴求，按照消費能力、服務成本、購買周期等維度進行劃分，只有做到對消費者信息的了如指掌，才能更加有效地開展品牌營銷？

那麼，如何應對這六大挑戰？唐·舒爾茨表示，這正是 SIVA 理論要解決的難題。

SIVA 理論是以消費者爲中心的營銷方法論，探討消費者尋求問題解決方案的的一系列軌跡。品牌廣告主需要基於 SIVA 理論，搭建起一種針對互動市場的需求鏈模型，在不斷了解和識別消費者需求的前提下，爲消費提供信息和適當的解決方案。

在唐・舒爾茨教授看來，大眾廣泛地借助百度這樣的搜索引擎平台，獲取信息、比較價值、確定問題解決方案、尋找問題解決入口，與 SIVA 理論不謀而合，完整再現了 SIVA 理論全過程。百度平台最大的差異化特征就是，以消費者爲出發點，通過行爲數據的挖掘，了解並跟踪消費者的整個決策過程。

與此同時，百度早已經超越搜索，成爲豐富的媒體平台。據了解，目前來自搜索的流量只占據百度整體流量的 40％，而 60％的流量則來自於其它豐富的頻道。百度知道、百科、貼吧、音樂、新聞、圖片、視頻等垂直頻道，組成了滿足消費者豐富需求的解決方案平台，幫助企業捕捉消費者不同的關鍵時刻，並通過適當的商業產品有效地傳遞品牌信息。此外，在移動端，百度在 App 分發，移動搜索、LBS 等方面都牢牢占據了入口優勢，這也爲未來品牌在新的渠道與消費者實時地溝通創造條件，幫助企業在移動互聯網的時代有效創建品牌。這意味著，百度已經成爲數字時代極其重要的品牌建設平台。

（本文資料來源：北京，百度公司宣傳品）。

CHINA MUSIC VALLEY
中国乐谷
The Music Cultural And Creative Cluster Of Beijing
首都音乐文化创意产业集聚区

政策篇

扶持重点文化创意企业发展的若干政策

平谷区为加快文化创意产业发展，于 2011 年出台了《扶持重点文化创意企业发展的若干政策》（京平政发〔2011〕44 号）。对在平谷区注册、纳税的重点文化创意企业进行扶持。

主要包括：项目扶持　上市扶持　财政贡献性扶持　经营场地扶持　人力资源建设扶持

■项目扶持

- 1. 文创企业取得用于平谷区域内文化创意产业项目贷款，给予不超过 50% 的贴息补助，贴息期限三年，补助总额最高不超过 300 万元。
- 2. 企业在一个年度内或同一项目在两个年度内在平谷区域内固定资产投资达到 5000 万元以上的，按照投资额的 5% 给予补贴。同一项目不重复享受。
- 3. 对获得国家“五个一工程”奖、金鸡奖、百花奖、华表奖、金鹰奖的电视或电影创作企业（不含个人奖），给予每部获奖作品 200 万元的一次性奖励。

  对获得国家级重大奖项的原创性作品等文化创意产品，给予每部作品 50 万元的一次性奖励。

  对在中央一套和八套黄金时档首播的原创电视剧的，分别给予每集 8 万元和 6 万元，每部作品奖励上限 200 万元。
- 4. 文创企业在平谷区内举办有重大影响力的会展、演出、文化节等形成的收支缺口，给予 30%-50% 补贴。文创企业参加国内展览、推介等发生的租金及展区布置费用，给予 50% 补贴，补贴上限为 50 万元。

■上市扶持

- 对在国内、境外上市并将上市公司注册在平谷区的文创企业，在企业上市后一次性给予 500 万元奖励。

CHINA MUSIC VALLEY
中国乐谷
The Music Cultural And Creative Cluster Of Beijing
首都音乐文化创意产业集聚区

政策篇

财政贡献性扶持

- 1. 自认定之日起，以上一年度文创企业所纳增值税、营业税和企业所得税对平谷区级财力贡献为基数，完成基数以内部分，按上述三个税种对区级财力贡献的 50% 予以扶持；超基数部分，按 80% 予以扶持。
- 2. 在一个财政年度内实际缴纳的企业所得税市级财力贡献名列全市前 50 名的，对该文创企业一位主要负责人以区政府名义给予等价 100 万元适当形式奖励；在一个年度内实际缴纳的企业所得税区级财力贡献名列全区前 10 名的，对该文创企业一位主要负责人以区政府名义给予等价 50 万元适当形式奖励。一个年度内不重复享受。

经营场地扶持

- 1. 对从区外入驻自建或购买办公楼的，按商筑面积给予每平米 200 元补助。与投资补贴政策不重复享受。
- 2. 对文创企业在平谷区内租用办公用房的，连续三年给予按照市场价计算的租金 80% 补助，补助面积最高不超过 1000 平方米。租用期不少于 3 年；享受补助期间，不得将自用办公用房出租、转租或改变其用途。

人力资源建设扶持

- 1. 按照文创企业高层管理人员缴纳的工资薪金个人所得税 30% 给予高管人员补助。每户限 3-5 人。
- 2. 对在平谷区域内职工达到 100 人的，给予每年 20 万元的交通费补助。
- 3. 对年纳税额达到 1000 万元的，经申请，为企业提供 500 平米宿舍，按公租房标准收取费用。
- 4. 文创企业聘用海内外高层次的人才，优先落实进京指标。
- 5. 文创企业高管子女经企业申请，可自由选取平谷区任一学校就读。

为文创企业高管及家属提供优质、"随到随看"的便捷医疗服务。

管理措施

- （一）设立"平谷区重点文化创意企业发展领导小组"，下设办公室，办公室设在区委宣传部。符合条件的文创企业可向办公室提出申请，经认定的文创企业享受扶持政策。
- （二）文创企业应承诺在享受本扶持政策后在平谷区经营期限不少于 10 年，且 10 年内不减少注册资本。若企业违反承诺，则迁出之前实际享受的扶持资金由企业全部退回。
- （三）宣传推广。加大对文创企业宣传推介力度，区属新闻媒体要配合做好文化创意产业项目宣传报道。

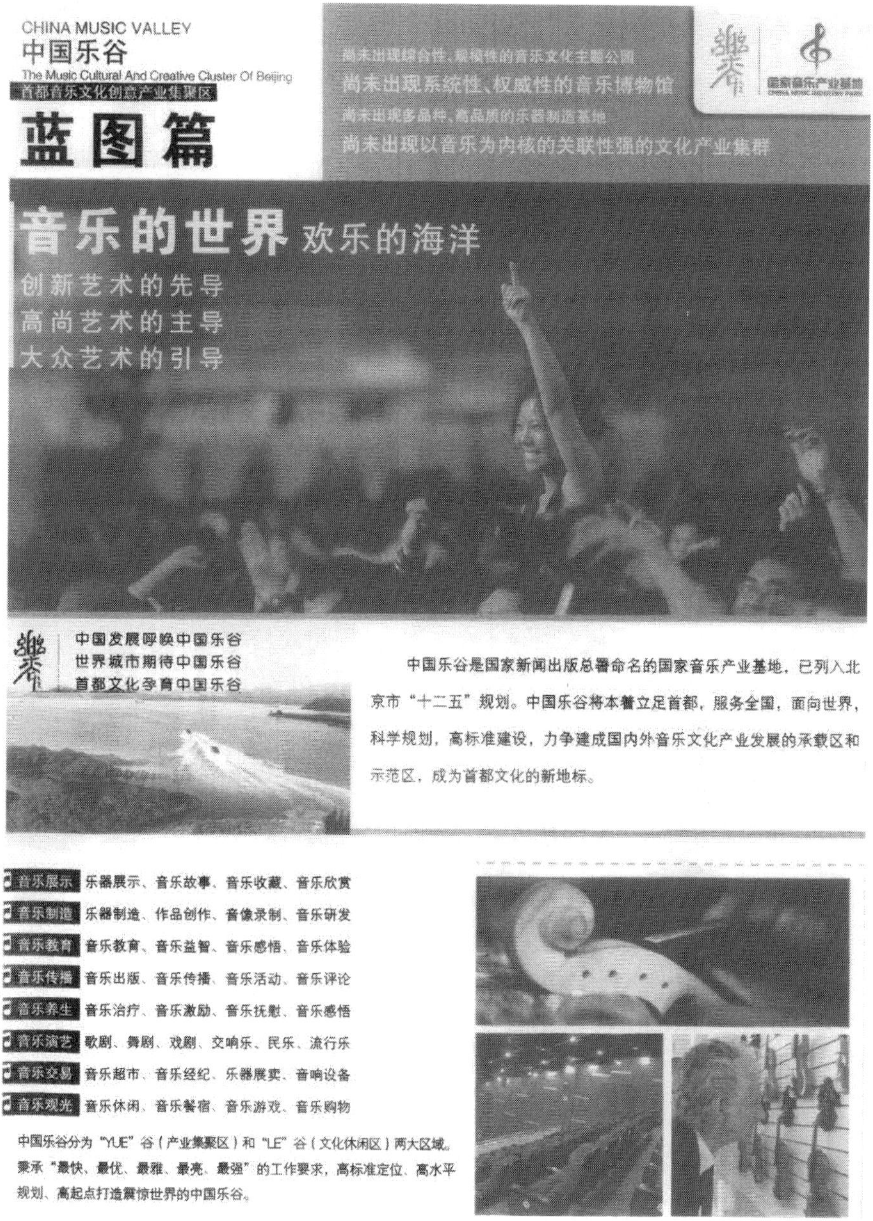
CHINA MUSIC VALLEY
中国乐谷
The Music Cultural And Creative Cluster Of Beijing
首都音乐文化创意产业集聚区
蓝图篇

尚未出现综合性、规模性的音乐文化主题公园
尚未出现系统性、权威性的音乐博物馆
尚未出现多品种、高品质的乐器制造基地
尚未出现以音乐为内核的关联性强的文化产业集群

国家音乐产业基地

音乐的世界 欢乐的海洋
创新艺术的先导
高尚艺术的主导
大众艺术的引导

中国发展呼唤中国乐谷
世界城市期待中国乐谷
首都文化孕育中国乐谷

中国乐谷是国家新闻出版总署命名的国家音乐产业基地，已列入北京市“十二五”规划。中国乐谷将本着立足首都，服务全国，面向世界，科学规划，高标准建设，力争建成国内外音乐文化产业发展的承载区和示范区，成为首都文化的新地标。

音乐展示 乐器展示、音乐故事、音乐收藏、音乐欣赏
音乐制造 乐器制造、作品创作、音像录制、音乐研发
音乐教育 音乐教育、音乐益智、音乐感悟、音乐体验
音乐传播 音乐出版、音乐传播、音乐活动、音乐评论
音乐养生 音乐治疗、音乐激励、音乐抚慰、音乐感悟
音乐演艺 歌剧、舞剧、戏剧、交响乐、民乐、流行乐
音乐交易 音乐超市、音乐经纪、乐器展卖、音响设备
音乐观光 音乐休闲、音乐餐宿、音乐游戏、音乐购物

中国乐谷分为“YUE”谷（产业集聚区）和“LE”谷（文化休闲区）两大区域。秉承“最快、最优、最雅、最亮、最强”的工作要求，高标准定位、高水平规划、高起点打造震惊世界的中国乐谷。

CHINA MUSIC VALLEY
中国乐谷
The Music Cultural And Creative Cluster Of Beijing
首都音乐文化创意产业集聚区
活动篇
中国乐谷首届欢乐节，来自乌克兰、俄罗斯等国内外 4000 余演员在府前大街盛装巡游。河北井陉拉花舞，山西翼城花鼓，昌平孝侠大鼓和大兴武吵子等一批"国字号"非物质文化遗产同时亮相。
国家音乐产业基地
COME ON
北京平谷国际桃花音乐节华丽亮相。中国乐谷·国际音乐产业发展规划高峰论坛、我们的声音—中国音乐版权高峰论坛暨中国乐谷·中国音乐版权交易中心启动仪式、2011 中国乐谷·北京国际流行音乐季等活动成功举办。
中国乐谷 快乐平谷
第六届中国北京国际文化创意产业博览会走进乐谷。

小站练兵园军事博物馆

小站练兵园景区作为中国第一支近代化新建陆军的诞生地，具有极其厚重的军事文化内涵。通过参观小站练兵园，您将探索中国军事近代化的艰难路程，向您展示那段令人难忘的历史。为今天天津改革开放的辉煌成就和现代化建设的崭新风貌提供一道独特的历史文化背景，激发人们的爱国热情，进一步增强国防观念。

爱国主义教育基地

—— 小站练兵园

小站练兵园景区占地约300亩，总投资2.3亿多元，总建筑面积8.77万平方米，已建成主要建筑项目包括依据历史资料恢复重建的讲武堂、袁世凯行辕、新军督练九大处、行营买卖街等重要历史建筑，同时兴建了风貌建筑景观区、福街商业服务区等。练兵园景区内还建成了军事题材展馆，作为爱国主义教育基地，已于2008年9月正式对游人开放。

落后是要挨打的

1640年的英国资产阶级革命，标志着世界历史进入资本主义时代。随着资产阶级革命和工业革命的兴起，西方资本主义国家迅速发展。在世界潮流浩荡向前奔涌之时，清朝封建统治者仍妄以“天朝上国”自尊，盲目自大，闭关锁国，与西方列强间的差距越来越大。殖民者同时源源不断地将鸦片输入中国给中国社会带来了严重的危机。一个国家的兴亡，一个民族的兴衰，取决于国家集权统治。鸦片战争前的清王朝，上至贵族达官，下至隶役，绅商，百姓以至八旗兵，纷纷吸食鸦片。这种毒品损害吸食者的健康，控制心智，加速了清朝统治机器的腐化，成为危及民族生存的祸端。

1840年，英国以中国查禁鸦片为由发动第一次鸦片战争，殖民者蓄谋武力打开中国的大门。在列强“坚船利炮”的猛烈攻势下，“天朝上国”的大厦开始倾斜瘫塌。

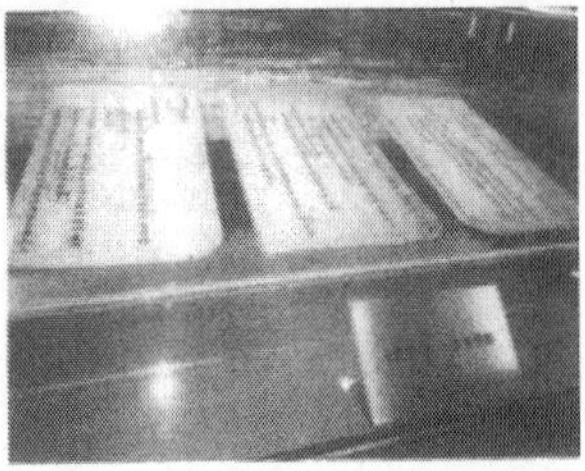

1856年，第二次鸦片战争爆发。在此后四年中，英、法联军先后攻占广州、大沽天津和北京等地，焚掠圓明园。中国国防危机日益加深。直至1890年八国联军攻占北京，迫使清政府清政府签订了丧失大量丧权辱国的不平等条约，中国彻底沦入半殖民地半封建的深渊。

而清王朝政府，在政治上和经济上，对外闭关锁国，不昧世界大势；对内因循清初定制，不思更张。在军事上，其经制兵八旗、绿营的营制，军队的布防，不考虑国防战略、战术的需要，而是按维护王朝统治分布，以防止绿营将领拥兵自重为宗旨，“大小相制”、“集权与分割”，兵不习将，将不习兵，兵、将平时分离，战时临时凑合。而装备则仍以传统的刀矛弓箭等冷兵器为主，只有少量的抬枪、鸟枪等旧式热兵器。大中国徒有其表，这样的国家集权和社会制度、军事制度，只能处于落后挨打的态势。

练兵之路

为应对日益严重的国防危机，编练一支适应近代战争的新型军队， 就成为当时国防的当务之急，晚清军事历史上军制改革迫在眉睫。天津小站练兵就是在这样的形势下组建的，是中国近代史上的重要一页。它改变了中国封建的旧军制 。小站练兵从公元1875年开始，时至1920年为止，是历经近半个世纪的一段史实。

中日甲午战争期间，参战的中国陆军不堪一击，李鸿章所帅淮军全军覆没。失败的苦果，创击着人们的心窗，也暴露了先进装备与落后军制间的尖锐矛盾，朝野上下深知，落后就要挨打，没有强大的国防建设和正规化军队，就不可能抵御外来侵略，朝廷为改变这种状况，命调任直隶总督的李鸿章所率淮军从河北青县马厂移屯今小站北侧的潦水套一带。设“亲军营”开始小站屯田练兵，扎营18座，聘用德国教练，编练定武军。后定武军改由袁世凯统带，奉旨将“定武军”迁至小站，在此督练"新建陆军"。至此小站练兵以当时世界上最先进的德国军队建制为蓝本，初步

形成了一套近代陆军包括组织编制、军官任用和培养制度、训练和教育制度、招募制度、粮饷制度等一系列内容的军队建设思想。不仅起用天津武备学堂毕业生分任各营统带、各处总办及各营哨官，还制定了新的营制、饷章和操典，以及步队、马队、炮队的随营学堂和德文学堂。

新建陆军在小站建立了中国近代军队的练兵基地，天津小站也由此成为中国近代军队的发祥地。它开始了中国军队从传统军事制度向近代军事制度的转变，同时完成了武器装备由冷兵器向热兵器进化的过程。

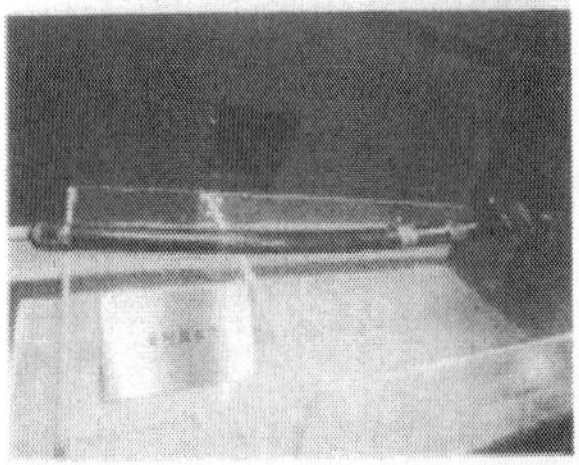

人文历史教育基地

通过参观袁世凯行辕，讲武堂等恢复重建的历史建筑，在电影院观看小站练兵的历史纪录片，感受小站练兵园这一集历史重现与现代化培训的多元化景区。

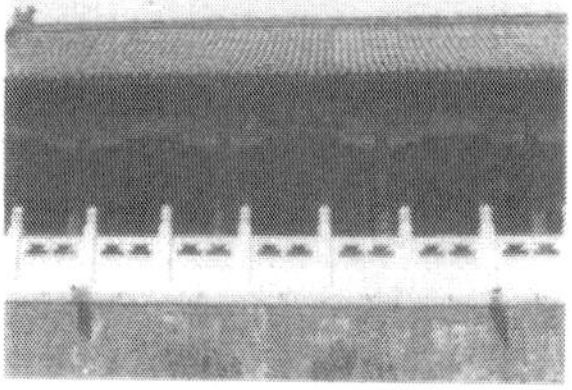

练兵主题特色的军事拓展基地

小站练兵园是中国近代练兵文化的缩影，其中艰苦奋斗、上下一心的练兵精神传承至今，仍为今人推崇。练兵园军事拓展基地以当时所用设备、伙食、营房等，参与其中能真切感受到小站练兵的历史文化，有效拓展潜能，提升心理素质，有效激发热诚与动力，使团队更具凝聚力。

勿忘历史　心系国防

小站练兵在中国近代军制史上是一个重大的转折。它改变了中国旧的封建军事制度，打造了一支由近代军制与装备编制的新建陆军，为中国近代军队的发展开辟了先河。

小站做为当时中国先进的军事基地，对中国历史发展产生了很大影响，自小站，走出了北洋政府的四位总统、一位临时执政、九位政府总理以及三十余位督军等一批在中国二十世纪早期政治和军事舞台上占据显赫地位的人物，引发了中国近代史上一系列重要事件，对历史发展的走向产生了重大的影响。

天津小站也因此扬名，成为当时世界列强震惊和关注的焦点。1895年以后，欧美各国的世界地图都把小站登入版图，这在当时全国范围内难以计数的小城镇中，绝无仅有。

附件九：北京及天津有關地方情況簡介

一、北京市

（一）中關村

中關村是國家自主創新示範區，即中國高科技產業中心，起源於二十世紀八十年代初的”中關村電子一條街“；一九八八年五月，國務院批准成立北京市高新技術產業開發試驗區，它就是中關村科技園區的前身；中關村科技園區管理委員會作爲北京市政府派出機構對園區實行統一領導和管理。中關村是中國第一個國家級高新技術產業開發區，第一個國家自主創新示範區，第一個”國家級“人才特區，是我國體制機制創新的試驗田。

提起中關村，人們立刻會想到聯想、百度等高科技，然而幾十年這裡卻還是一片荒涼的墳場，大多是太監的墳墓。因明清時期稱太監爲”中官“，所以這裡被叫做”中官墳“。也有一說認爲從明朝開始，太監多在此建廟宇和養老的莊園，也因當時人稱太監爲”中官“，故稱此地爲”中官屯“。

另有一說是中國科學院地理研究所下屬的《中華地理誌》編輯部於一九五三年遷至中科院新址後，在印制新址第一批信封和信箋時，經辦此事的行政幹事袁保誠在口頭的語言傳遞中誤把”中官屯“聽作了”中關村“，時值”三反五反“時期，爲免於”浪費“罪名，信封只好將錯就錯地使用，結果中關村名稱沿用下來。中關村正式得名是在解放後。解放後選擇這裡建中國科學院，覺得”中官“二字不好，才在北師大校長陳垣先生的提議下改名爲”中關村“。中關村的巨變，是共和國科學發展史的縮影。

（二）掛甲峪村

掛甲峪村，地處北京市平谷區北部山區，全村一四六户，四六〇口人，山場面積八千畝。

掛甲峪村以新農村建設爲重點，大力發展經濟，積極帶領村民致富。經過全村人不懈努力，掛甲峪有了明顯改觀，一個環境優美、綠色生態的山區新農村已經形成，農民的生活水平顯著提高。

二、天津市

（一）天津經濟技術開發區

天津經濟技術開發區（Tianjin Economic-Technological Development Area）於一九八四年十二月六日經中華人民共和國國務院批准建立，爲中國首批國家級開發區之一。"TEDA"是天津經濟技術開發區的英文名稱縮寫，"泰達"是其音譯，天津經濟技術開發區爲天津市濱海新區的重要組成部分，國家綜合配套改革試驗區的一部分，是中國首批國家級經濟技術開發區之一，在全國五十四個國家級開發區、工業園區投資環境評價中，天津開發區已連續十四年位居第一。

天津經濟技術開發區位於天津市東六十公里，緊鄰塘沽區。總規劃面積三十三平方公里。此外，還分別在武清區、西青區和漢沽區辟建了逸仙科學工業園、微電子工業區和化學工業區等三個區外小區。

天津經濟技術開發區具有得天獨厚的區位優勢，依托京、津，輻射三北，其所在的環渤海區域是一個人口密集、城市集中、交通便利、工商業發達、市場容量大、購買力高的黃金地帶，具備發展工商業的良好條件。以"廿一世紀現代化國際工業新城區"爲目標，天津經濟技術開發區致力於塑造與國際慣例和國際市場接軌的投資環境。經過十幾年的開發建設，天津經濟技術開發區投資環境日臻完善，經濟實力迅猛發展，已成爲中國乃至整個亞洲最具吸引力的投資區域。

目前，天津經濟技術開發區已有三千三百多家外商投資企業落户，投資總額超過一百五十億美元。以摩托羅拉、雀巢、SEW、諾和諾德等跨國企業爲代表，形成了電子通訊、食品、機械、生物醫葯四大支柱產業，經濟飛速發展，人均生產總値已達中等發達國家水平，綜合實力在全國五十七個國家級開發區中排名第一，成爲"濱海新區"的龍頭和天津市重要的經濟增長點。聯合國工業開發組織世界範圍評選出的一百個工業發展最快的地區中，天津開發區也榜上有名。天津經濟技術開發區在這樣短的時間內，取得如此巨大的成功，不僅是中國的驕傲，在世界的出口加工區中也堪稱典範。

（二）空港經濟區

空港經濟區位於天津濱海國際機場東北部，面積 42 平方公里，一期開發 23.5 平方公里，是天津臨空產業區的核心組成部分、連接市區與港口的生態工業園區。空客A320天津總裝線就坐落在區內。重點發展航空制造、電子信息、精密肌械等爲特色的先進制造化，高新技術科技研發，總部經濟和商貿文化會展業。

空港保稅區位於空港物流加工區內，二〇〇五年五月通過國家驗收封關運營，爲國內第一家空港保稅區，重點發展保稅加工制造業和現代物流業。

空港國際物流區位於天津濱海國際機場貨運區內，依托機場的基礎設施條件和保稅區的功能政策優勢，重點發展航空貨物分撥、倉儲、配送、加工、展銷等業務，對促進中國北方最大的航空貨運基地建設有高要作用。

（三）天津市規劃展覽館

美麗的海河之濱、著名的意大利風情保護區內（天津市河北區博愛道三十號），坐落著一座雄偉的米黃色建築，明快的現代格調、濃郁的異國風情，成就了這座建築的恢宏與大氣，這就是天津市規劃展覽館（以下簡稱規劃館）。規劃館比鄰京津城際鐵路終點天津站，與天津商業中心濱江道和平路商業街隔河而望，不遠處就是天津標誌性建築津灣廣場，其建築面積約15000㎡，布展面積約10000㎡，共分爲三層、十六個展區。

規劃館充分考慮空間布局和參觀流程，布展線索分明、層次清晰；展館空間通透敞亮，展品造型新穎獨特。在簡約明快的統一風格下，各展廳結合不同展示背景、展示內容及歷史文脈。一層設歷史展區、總體規劃展區、交通規劃展區、中心城區規劃模型展區、名城保護規劃展區；二層設濱海新區規劃展區、海河規劃展區、名城保護規劃展區、旅遊規劃展區和海河之旅 4D 影廳；三層設住房建設規劃、公共設施規劃展區、生態規劃展區、環境整治展區、重點地區規劃展區、區縣規劃展區、城市映像影廳、公眾互動參與區；四層設辦公區和多功能廳。其中主要展區包括：

歷史展區風格古樸典雅、色調沉穩，參觀群眾走入其中，就彷彿游戈在尋幽探古的歷史長河中——親身感受昔日"三叉河口"的滄桑與輝煌。在一個城市的誕生、演變、發展、騰飛中，深刻領悟到城鄉規劃的理念及發展歷程，真切感受到天津城市演變和發展的悠長軌跡。

中心城區規劃模型及配套演示系統占據了天津館的整個共享空間，也是整個展館最具有吸引力的展區。參觀群眾站在展館二樓 VIP 看台觀看，巨大的 LED 播放屏與模型組成的聲光電三位一體同步演示系統，讓公眾彷彿置身於天津城市飛速發展的建設浪濤中，在強烈的震撼與觸動中，天津中心城區三七一平方公里未來的城市規劃遠景和美好藍圖深植人心。

濱海新區展區是天津館極富時代特征的展區，參觀群眾步入其中可以形象深刻、全方位地感知濱海新區——這個中國未來第三經濟增長級，詳細清晰的規劃遠景和未來發展藍圖。

海河之旅影廳，運用一百八十度弧幕、動感座椅、環繞音響等高科技手段，強烈震撼公眾的聽覺、視覺和觸覺神經，公眾可以全方位體驗海河泛舟、漫步城市的真切感受，深刻領悟到海河——天津的母親河。

城市映像影廳設置了一百八十度弧幕，體量寬大、視野開闊。八分鐘的影片——《騰飛的天津》，使公眾可以形象、具體地把握天津城市總體規劃方方面面的情況，深刻地感受天津建衛六百年以來的發展歷程、清晰地觸摸當代天津飛速發展的時代脈搏、自豪地展望未來天津發展的雄偉藍圖。

公眾互動參與區通過多通道投影、觸摸屏等高科技手法的運用給每一位進入展區的參觀者留下了深刻的印象，這裡開辟了天津政務信息公開查詢區，並設置了豐富生動的城市規劃小遊戲，公眾可以通過親自動手模擬規劃設計，切實體會到城鄉規劃對城市發展的重要意義。（本文由北京、天津黃埔軍校同學會提供）。

附件十：《三民主義力行社史》一書

有關滕傑先生早期活動記錄

滕傑，力行社的原始發起人與第一任書記，是江蘇阜寧縣凋港莊人，生於民國前六年。滕姓是該莊內三家地主之一，從七歲到十二歲，滕氏在家唸古書，由三家共請的一位私塾先生教導。後唸小學一年，高小兩年。中學是在南通一個美國基督教會所辦的「英化職業學校」就讀，此校爲四年制，而滕傑在三年內即將其課程唸完。時南通文風很盛，並及通、崇、如、海、泰五縣，有滿清聞名的狀元張季直。

民國十四年因在上海發生的「五卅慘案」，引起了南通學生們強烈反對帝國主義的情緒。「英化職校」的學生對該校有「美帝文化侵略」的口號提出。滕傑時爲校中學生自治會會長，領導同學作種種活動。其他在南通的學校自治會，亦派人到職校觀摩，聽從滕傑等的建議。不久上海學生派代表到南通聯絡，遊說滕傑領導同學反對英化職校，起初滕傑認學校並無不是之處而拒之，後從其意，並決定解散該校。時值暑期，滕乃以自治會長名義邀請所有同學返校開會，無人缺席，並通過全體退學，職校因而解散。滕傑留在南通待分配同學入其他學校後乃赴上海，入上海大學就讀，時年僅十八歲。

上海大學是國民黨所舉辦，　中山先生爲董事長，于右任爲校長，校址設乍浦青雲路，　中山先生創辦黃埔軍校時，在上海設此大學，此乃先生文武並重之舉，黃埔軍校在長江下游招生時，即假該大學爲連絡處，但學校內共產黨的勢力很大，學生的領導人物爲劉少奇。滕傑在該校主修社會學，當時的系主任施存統，亦是共產黨員。

在南通時，滕傑已開始研讀三民主義，嚮往　中山先生的革命事業，故到上海後便加入國民黨。當施存統在課堂上比較三民主義與共產主義，而稱三民主義其實只有二民半，因民生主義不是主義只是政策時，滕傑不以爲然乃與之辯論。某次因上海總工會被軍閥邢士廉封閉，上海大學學生群起遊行要求啓封。遊行隊伍到達總工會門口時，以刺刀頂住前一排學生的胸膛，滕傑即爲其中之一。後排的學生皆紛紛散退，只有前面一排不能走。後來警官說：「饒了你們的命罷！」才將他們散走，但此事卻不了了之。回校後，滕傑針對此事作了一項研究，發現受刺刀抵在胸膛的全是國民黨員，而乘機開溜的則是共產黨員，乃恍然大悟，被人利用了。因當時學生群中共產黨有組織，而國民黨沒有，故遊行隊伍的排列是由共產黨員預先安排的。滕傑當時的感想是國共雖然合作，但共產黨太乏誠意。未已，黃埔軍校在滬秘密招生，滕傑去投考，被錄取。在上海大學的生活，使他對共產黨的行爲了解不少。以後他之建議力行社組織的秘密性，與此親歷得來的經驗多少有關。（以上引第六十三到六六頁）

力行社的創立，是由於前述諸因素的背景所促成，甚爲顯明。至其組成經過，已在干國勳、鄧文儀所著諸文中記載甚詳，茲參照其他發起人所述加入籌備的情形，再作一綜合敘述如後：

在民國二十年七月底，蕭贊育、滕傑、陳啓宇三人一同自日本返國，其時在萬寶山事件之後，他們判斷日本對中國的侵略戰爭，卽將大規模的爆發，他們都想把他們的看法告知有關的朝野人士，提醒其注意，以促進加緊應付這一戰爭的準備。他們到上海後，蕭贊育因家事先回湖南活動，滕傑則與陳啓宇去如皋。並邀陳之胞妹啓坤同去南京。陳啓坤爲滕之未婚妻，他是首先贊助滕的主張之一人。他們到南京後，立卽展開對有關人士的訪問，他們綜合訪問所得的結果，極爲失望。卽國內對付卽將發生的日本大規模的侵略戰爭，幾乎毫無準備。不僅是腐敗落後，並且是四分五裂；特別是民心士氣的消沉，已到了對時局的挽救完全失去信心的程度，令他們驚訝之至。在這種情形之下，滕傑乃決心從事於建黨運動，而不再返回日本。

滕在日本研究的主題是政黨政治，而特別著重於黨的建設研究，所以他深切瞭解黨在現代政治中和現代革命中所能發生的動力作用。因此，他認爲若要挽救時局，就必須從建黨問題著手；只要有了一個健全的黨，便能有效的去組織全民；只要全民有了組織，便能有效的動員全民的人力物力，運用我們廣大的空間而與日本進行長期作戰。當時日本準備對中國作戰，其所採取的戰略是速戰速決，那已是公開的秘密。日本軍閥們都認爲只要全面戰爭一開始，不出數月就可消滅中國的抵抗力，而把中國征服。他們並未想到中國會運用其人眾地大兩個優點而與他們進行長期作戰。所以這種長期作戰的構想，乃爲敵人預料所不及的。滕傑對於　蔣公的戰略思想很注意研究，他說：「此種長期作戰的構想，就是　蔣公準備對日作戰的戰略思想。」

根據上面的想法，滕擬了一個救國計劃；其中除分析局勢提出策略原則外，他特別強調了組織問題。他建議在無聲無息（極端秘密）的原則下，以黃埔爲骨幹，結合全國文武青年之精英，切實把握民主集權之原則，來建立一個意志統一、紀律森嚴、責任分明和行動敏捷的堅強組織。他相信只要有了這樣的組織，它便能有效的去組織全民、領導全民，執行其一切所要執行的任務。當然，他更強調了組織中領袖人物的重要。

計劃寫好後，出乎滕傑意外的，即陳啓宇雖認爲他的計劃寫得很好，但陳不贊成這個計劃由他自己去推動實行，只贊成把這個計劃提供有關當局參考。滕認爲如此做，會使這個計劃歸於落空。於是滕乃獨自去鎮江，找其在江蘇省政府任視察員的好友胡軌徵求同意，不意胡根本懷疑這一計劃實現之可能性。胡認爲大家對組織理論已失去信心，應先有行動，然後再談理論。於是，滕只得再回南京設法。

滕傑對於他所擬的計劃，雖然未得到兩位好友的贊同，但並未灰心。他回到南京後，又去中央黨部軍人部見曾擴情。曾爲黃埔同學中之忠厚長者，時爲部內主任秘書，閱計劃後，大爲贊賞。他滿面笑容，拍着胸脯對滕說：「實獲我心」。於是乃共商如何推行的辦法。結果，決定先由曾出面約十餘人聚餐商討。

此次到會者九人，除滕、曾外，有酆悌、蔡勁軍、婁紹鎧、李秉中、周復、鄧文儀、和張本清（時任旅長、後來未參加力行社），皆是黃埔畢業同學。席間，首由曾說明聚餐意義，然後由滕傑報告他對時局的觀感，並傳閱他的計劃，徵求大家對計劃的意見，結果，是一致贊成。乃相約再次舉行餐會，並由每人再邀約一人與會。故第二次餐會時已逾二十人。如此又舉行了第三次餐會，人數已到四十餘人。在第三次集會中，即決定正式成立籌備處。在第三次集會時，「九一八」事變已經爆發，羣情憤激達於極點。賀衷寒適在南京，亦參加了此次的餐會。

三次餐會時討論的內容，除了有關計劃方面者外，多關於日本侵略、共黨禍國，及國人必須團結問題之檢討。大家焦慮這些問題，正表現出他們之所以參加籌備工作之動機。

賀衷寒與滕傑在日本留學時有一年多時間都住在一起，彼此友誼很深。滕傑發起此一組織，很自然的就請求賀亦加入。時賀任海陸空軍總司令部勦匪宣傳處處長，因公務，常不在南京。在第二次餐會前，他們曾得機面談，但當時賀並不贊成他實行這樣的組織計劃，理由是　蔣公一向不贊成黃埔學生搞小組織，且常說同學們的政治經驗缺乏，不能從事有效的實際政治活動，故賀未參加第二次餐會。滕傑後來又向賀多方解釋，並表示他擬等組織籌備完成後，再向　蔣公報告，終於賀亦同意而參加了籌備工作。賀衷寒是黃埔一期畢業生，在同學中年齡稍長，資望較高。他之答應參加，對籌備工作之順利展開關係很大。

成立籌備處時，賀衷寒卽提議推定滕傑爲籌備處書記，陳啓坤爲助理書記。鄧文儀爲着配合籌備工作之需要，特在他經營的「拔提書店」，借出三百銀元作爲臨時費用之一部份。並在南京二郎廟一幢屬於康濟醫院的木屋二樓租了三間房間，用作集會和辦公的場所。那時康澤尚未結婚，住在樓下，以作掩護。

籌備處的第一件事是對組織的命名，提出意見者很多，例如酆悌曾提名爲「救亡社」。（紐約時報在一九三二年九月十八日稱黃埔學生所組織的「褐衫黨」名爲救亡會，與酆悌所建議者相同）。最後大家接受了賀衷寒所提議的「三民主義力行社」。

籌備處之主要工作：一面是草擬任務綱領，以及有關組織與策略的各種計劃，一面則準備各省市的組織與領導適當人選。此外，對如何使經費能跟上組織與工作的發展需要，也是他們一項重要的設計。凡此各項準備工作，他們都以無比的熱誠，花了五個多月的時間，不斷的策劃修改，才求得初步的結果的。這初步的結果就是他們組織正式成立後變爲法規的基礎。

經常到籌備處工作的，除了滕傑夫婦及康澤外，還有賀衷寒、桂永清、潘佑強、杜心如、蕭贊育、周復、葉維、婁紹鎧、干國勛和趙範生等人。其中除桂永清爲留德者外，多爲留日、留俄歸國學生。

與力行社籌備處差不多同時的，還有兩件事須得一提的，即第一、在「九一八」事變後，在東京的黃埔畢業生以黨部名義組織了遊行示威，任覺五時爲東京支部的負責人，因遊行事件而被捕，釋放後，又經常有警察、憲兵來訪問，故已不能再留下來讀書，乃於十一月返國，此後在日留學的黃埔畢業生也都相繼紛紛返國。他們回到南京後，與蕭贊育、滕傑、任覺五、葉維、李新俊等聯絡一些其他留日歸國的學生，如龔德柏、黃慕松、雷震、陳海澄等又另外組織一個「留日學生抗日救國會」，蕭並推爲總幹事，龔德柏則負責籌辦「救國日報」。該報成立後，極力主張抗日鋤奸，轟動一時。龔氏雖然未參加力行社，但在力行社籌備時期，很多籌備的人都用該報記者，或編輯名義去從事活動，得到他給予掩護的便利。（註二十六）

第二、在此時軍校同學會，認爲有自辦報紙的必要，原推鄧文儀主持其事，時因鄧爲　蔣公侍從秘書，事務繁忙，無暇分身，鄧乃轉推康澤主持之。康接收了軍校同學陳奠南所主辦的「建鄴日報」，改名爲「中國日報」，於民國二十一年元月一日正式出刊。「一二八」淞滬戰爭爆發後，南京報界發生紙荒，但康澤早有準備，故能維持原狀，加上新聞直接得自前方，且多爲獨有新聞，故該報在很短時間內，便已譽滿南京。「中國日報」後來成爲力行社的主要機關報。

力行社正在積極籌備之際，　蔣公即決定下野，而於十二月二十二日離開南京返回奉化。

他離京時，尚不知有籌組力行社之事；因爲力行社籌備處是準備待全部籌備工作完成後再向蔣公報告的。不意此時李一民自東京返國，聽說有籌組力行社之事後，認爲這有違　蔣校長素來不讓同學建立小組織的意旨，申言要即向　校長報告。滕傑唯恐因此而引起　蔣公誤會，乃急電在奉化之侍從秘書鄧文儀，就近提前報告。　蔣公聞報後認爲可行，前已述及，不再重複。

籌備處對於上海隨時影響全局之複雜政情，認爲必須首先加以控制；乃決定派葉維到上海建立組織，展開全面控制部署。葉維到上海後以控制學生運動爲開始。因而他首先去聯絡在某大學教書的白瑜，經過白瑜介紹，又結識了在政治系任教的孫伯譽，於是便形成推動爾後上海學運的中心。時在「一二八」事變後與三月初力行社正式成立之間。

二十一年元月二日錦州被日軍佔領，中央政治會議爲此而舉行緊急會議，決定由林森主席、孫科院長共同邀請　蔣公、胡漢民和汪精衛重返南京，共商大計。十二日由立法院長張繼及敵前勦匪總司令何應欽到奉化，促請　蔣公復出。十六日汪精衛又到杭州與　蔣公會晤，而開始了以後數年中蔣、汪合作的局面。次日，二人同電在粵的胡漢民約他北上，被胡婉拒；乃於二十日連袂入京。二十五日孫科辭行政院長職。二十九日汪精衛任行政院長，宋子文任財政部長。三十日，國民政府宣佈暫移洛陽辦公，只有軍政部、外交部留京。同日　蔣公與汪離京北上。二月六日，軍事委員會成立。十二日，蔣、汪與馮玉祥等聚集徐州，會商大計。十六日，蔣、汪與留京中委在浦口會商，準備長期抗戰。三月六日中央政治會議通過任　蔣公爲軍事委員會委員長。

從上列日期看，　蔣公復出到力行社成立，有兩段時間在南京，皆與力行社籌備工作有關，一爲從元月二十一日到三十日，一爲從二月中到三月初。從內容看，　蔣公之出長軍事委員會，是在專力擔負抗日和剿共之責任的。根據他正在提倡的「攘外必先安內」的政策，剿共比抗日更爲急迫。此點與力行社組織的性質與動向有着極密的關係。

蔣公在奉化時，經過一段時間的考慮後，即決定接受力行社的組織計劃，以應付國內外的危機；所以他在一月下旬返南京後的第二日即召見了滕傑、賀衷寒與康澤，聽取他們所計劃的詳盡報告。不久後　蔣公又召見了潘佑強談及此事，並告訴潘說，陳立夫在黨的中央亦另有新的計劃。此後又接見了酆悌。酆另有一種計劃，稱之曰「救亡社」，但未被採用。

在召見滕傑、賀衷寒和康澤三位力行社籌備處的代表時，鄧文儀以秘書身分在場記錄　蔣公接見時的談話，在未謁見前，他們四人曾決定見面時改稱「校長」爲「領袖」。蔣公在聽完他們的報告後說：「你們仍然稱我爲校長好了。又說：你們懂得時局的需要，這個計劃也很適切，不過你們年紀輕，經驗不夠，我怕你們做不好，讓我來領導你們吧。」當決定隨時召集全體籌備人員，在中山陵園　蔣公官邸開談話會（此當在二月中旬從徐州返京後舉行的）。

照干國勳的回憶，該會開了三晚，每晚從七時開始到十一時許結束。婁紹鎧亦稱他只在陵園開會三次，但滕傑和鄧文儀都說該談話會舉行有一個多星期，不過當中有間斷，不是連續舉行的。先幾次是由大家廣泛發表意見，後幾次是分別討論籌備處所草擬的各種方案。茲先摘錄干氏回憶如後，以見座談會舉行情形之一般。

「先一日由滕傑親往每一人處，用口頭通知，以示鄭重，……他（蔣公）主持三個晚上的談話會，場外沒有設置崗哨衛兵，僅由戴笠一人負責聯絡、警衛之責，……談話會是從每晚七時開始，至十一時結束，沒有議程，也不拘形式。蔣先生坐在靠西北面牆壁的一端，上懸總理遺像遺囑，前置寫字枱，鄧文儀坐在他右側，面前置長方形茶几做記錄。大家坐定後，滕傑報告了到會的人數。蔣先卽說：『黨國現在的處境是如此的艱難，你們大家有什麼意見，應提出來大家研究』。……說話並未限時間，也未指名誰先誰後，不過那時軍校畢業生有個自然的習慣，卽後期一定尊重先期……。」

「第一天晚上首先發言的是賀衷寒，……他說明現在一般情勢，並如何發揚黃埔精神及重振革命陣營，建立領導中心（繼有蕭贊育、潘佑強、酆悌說話）。桂永清發言昂頭挺胸。他於九一八事變後，從德國經莫斯科，乘西伯利亞火車回國，曾調查在北滿抗日的馬占山、蘇炳文兩將軍事跡，再由熱河、察哈爾、北平而回到南京。他與退到熱河林西縣的馬部鄧文、邰斌山兩位稱爲軍長者會過面，也在內蒙與德王談過話。他報告此行經過極受全場的重視，　蔣先生聆聽後，似深欣慰。杜心如、孫常鈞都是在本晚說話的。結束時，　蔣先生未作結論，僅說『沒有講話的人，明晚同一時間在此繼續』。」

「次晚我們全體準時前往，戴笠坐前車開路，鄧文儀在門口相迎，……首先站起來說話者是葛武棨，次爲蔡勁軍。周復講話時說三民主義力行社的工作路線應是孫文主義學會與黃埔同學會工作之綜合而擴大之。周復說完後，桂永清又突然站起來說要推薦劉羣入會。次由康澤、韓文煥發言。第三晚發言者的次序爲邱開基、婁紹鎧、干國勳、劉誠之、戴笠、鄧文儀。繼由滕傑說話，他又簡單而扼要的報告了他的組織與策略計劃，並表示了他的堅決信心。」

「最後由　蔣公作結論，主要的意思在指出必先安內而後才能攘外，以日本已有五十年侵華的準備，我們有多一份準備才可少一份犧牲。目前，不問自身條件如何，而在高叫抗日的人，皆是別有用心的人。」（此段僅係干文大意，全文見「傳記文學」第三

十五卷第三期）

蕭贊育認爲桂永清推薦劉健羣是兩個月後之事，非在此時。

據滕傑的記憶，蔣公在陵園歷次座談會中的談話內容，綜合其大意爲：「要攘外必先安內。就是必先要內部團結統一，全國一致來從事生聚教訓，以求具備對日長期抵抗的條件，然後再實行全面抵抗，那才有獲得最後勝利的把握。我們只有在這一次戰爭中能得到勝利，然後也才有機會去放手建設我們三民主義的理想國家。」同時，蔣公對大家有很懇切的鼓勵和期勉的話，他說：「你們大家對於革命的現狀和前途，大致也都有了正確的看法，所提出的意見和方案，大致也都能切合需要，希望大家本此研究結果，再繼續研究後再作決定。一經決定，卽應全力以赴，發揮硬幹快幹實幹精神，以求完全貫澈。爲求提高努力的成效，你們大家必須要做無名英雄，必須要決心不計個人的榮辱得失，來全心全意的救國家。能如此，那你們就必能成功。」最後他說：「力行社的組織章程及發展計劃都可行，可以先照章程舉行成立會」，於是籌備處便立卽從事於成立會之準備。

成立會開了兩日卽二月二十八與二十九兩日（或二十九日與三月一日），是在南京黃埔路勵志社一個客廳內舉行的，但對開會經過的細節各人的敘述頗有出入，茲綜合敘述如下：當天早晨八時前，大家都根據籌備處的通知到勵志社集合，康澤、胡宗南等十餘人，因公不在南京而缺席， 蔣公則準時到達。會場中的座位，佈置成馬蹄形，對着馬蹄口所設的桌椅，即爲 蔣公主持會議的座位。會議開始後，首由 蔣公致詞，說明成立的意義及其進行程序，約經過一個小時。隨後即舉行選舉。選舉後，滕傑根據大家的意思，將全部選票封好，交鄧文儀帶回，請 蔣公作最後核定，不在當場開票。接着，蔣公當場出了兩道題目，一爲「論俾斯麥的鐵血政策」，一爲「試述合作社之意義」。要大家帶回家去，各選一個題目，各寫一篇文章，次日交卷，以備評閱。以後 蔣公就根據在陵園談話的內容、選舉的結果、作文的成績、以及他平日對各人的認識做標準，決定了對大家的任務分配。

隔一天，在同一時間地點繼續開會。 蔣公首先說明了核定前天選舉結果的標準，並說明了根據標準所作的任務分配。他宣佈以滕傑、賀衷寒、康澤爲常務幹事，並由滕傑兼書記。又宣佈了全體幹事及檢察名單，（此點容下章再作詳述。）繼即舉行幹事會及檢察會成立宣誓儀式。 蔣公領導大家舉右手宣讀誓詞，宣讀完畢，由滕傑收齊誓詞，按照規定焚燬。 蔣公訓話，大旨謂：「王陽明知行合一與我 總理知難行易祇要努力以行，力行公正，則中庸所謂雖愚必明，雖柔必強，必可達到目的。」接着， 蔣公與大家站成一個大圓圈，手牽着手對大家說：「三民主義力行社從此正式成立了，我將盡心竭力來領導你們。大家從此要更加精誠團結，努力奮鬪，不達目的的決不中止。我現在預祝大家成功。」至此，大家嚴肅的一致的表示了忠誠的接受訓示，接受領導。於是大家就在無限興奮，無限希望中結束了這一次開創歷史新頁的集會。（以上錄自第一〇三到一一九頁）。

附註：鄧元忠，《三民主義力行社史》（台北：實踐出版社，民國七十三年八月），以上引文，註譯均略。

附件十一：徐味眞，「海峽兩岸三地共同打擊犯罪執行成效」

警察除校訓（禮義廉恥）外，精神格言爲（一日爲警察，終身愛警察），基於這個精神理念，雖然退休，但無時無刻不在關心及協助警察治安工作，對（海峽兩岸三地共同打擊犯罪及司法互助協議）於九十八年六月二十五日簽署生效後，尤爲關注兩岸合作打擊之成效。

協議生效後警政署刑事警察局自九十八年六月二十五日至一百零三年二月二十八日執行績效：交換犯罪情資共同偵辦案件七十七件五千七百四十八人（其中包括詐欺罪犯四十六件，緝獲嫌犯五千三百一十三人，擄人勒贖犯罪五件二十九人，毒品犯罪二十件一百四十三人，殺人犯罪三件七人，強盜犯罪一件三人，侵占洗錢犯罪一件三人，散佈兒少色情內容犯罪一件兩百五十人），遣返回台刑事（通緝）犯兩百九十二人，遣返回大陸刑事（通緝）犯兩人，績效輝煌。

特別是協議生效不久，海峽兩岸警方立即落實執行，建立合作機制，共同聯手積極打擊跨境詐欺犯罪，已獲具體成果，諸如一百年九月二十八日兩岸同步執行打擊跨境〈東南亞七國〉犯罪，鎖定兩岸九地詐騙據點，一舉掃除詐騙基地一百六十六處，查獲嫌犯八百二十七人（其中台籍三百二十二人，陸籍四百九十三人，寮籍四人，馬籍六人，泰及一人，其他國籍一人）指揮震撼效果，轟動國際

然而也使得新生餘覺詐騙犯罪集團電信機房據點逐漸轉移蔓延至雲南，泰國，菲律賓，馬來西亞，印尼等地，另兩岸與印尼，柬埔寨當地警方合作偵辦，歷經一個多月的努力，執行搜索一六一處，查獲嫌犯五百九十八人，展現跨境打擊詐欺犯罪的決心與成效，再創治安新猷

兩岸警方在共同打擊詐欺犯罪的既有合作基礎上，已擴大到第三地跨境合作執行成果豐碩，証明打擊犯罪無疆界地域限制，在二十一世紀全球治理的新紀元，凝聚兩岸與香港，澳門以及世界各地警方的力量，共同聯手打擊跨境詐欺犯罪，樹立了打擊犯罪新典範，確保民眾生命財產安全，跨境逮捕之嫌犯，已經透過（空中監獄）之包機遣返台

灣，締造台灣治安史上〔有感的政績〕尤其懾服了台灣犯罪人之僥倖逃匿境外的心理，發揮震撼效果

王會長於三月二十六日拜會國台辦，簡報後與國務院臺灣事務辦公室交流局王冰副局長交換意見時，表示由於兩岸共同合作打擊犯罪成效卓著，特代表台灣警方表達感謝之意，從破案及逮捕嫌犯統計數字看，台灣得到大陸相當多的協助。

海峽兩岸合作共同打擊犯罪，其實早在十六年前台北市政府警察局長廖兆祥先生與上海市公安局建立了打擊犯罪良好合作關係，互相提供犯罪情資，協助破案，頗有績效，廖先生逝世時。該局欲派代表團來台弔唁，因喪家不願勞動大家而婉謝，乃改以電報，奠儀方式表示哀悼，充分表示了兩岸一家親的具體象徵，後由王會長率團前往上海公安局訪問，奠定了合作基礎，兩岸合作打擊之成功，豈非偶然。

國際間雖沒有〔國際刑警組織〕若合作欠缺真誠，亦屬枉然，難能達成有效成果，海峽兩岸共同打擊犯罪，是建立在深厚的情誼上，破案無不順利成功，警政署刑事警察局林德華局長，爲了爭取破案時效，獲得更多犯罪情資，特在台商密集之上海，廣州，深圳等公安局設置窗口，以期發揮破案更佳治安效果，我們期待海峽兩岸共同打擊犯罪，繼續努力，綿密合作，確保民眾生命財產安全。

作者簡介：

我姓徐名味真，是全統會的監察委員，爲台北市政府警察局主任秘書退休，現擔任警察局及警政署顧問，退休警察協會常務理事（王會長爲理事長）山東鳳墩徐氏宗親會主任委員，爲警察暨警友月刊寫稿，以及每日晨六時率〔莊敬外丹功隊〕貳拾餘學員習功兩小時，所謂退而不休，俗語說要活就要適當的運動，對身體健康與腦力激盪有莫大助益。

附件十二：寄贈本書給北京天津參訪拜會的朋友名冊

中国和平统一促进会 执行副秘书长
黄埔军校同学会 秘书长

杭元祥

地　址：北京市丰台区南三环中路赵公口小区20号　编　码：100075
电　话：010-58336308/58336288　传　真：010-58336329
手　机：13661003822　邮　箱：hangyx@sohu.com

黄埔軍校同學會

方新生 副部長
臺港澳聯絡部

地　址：北京市豐台區南三環中路
趙公口小區20號
郵政編碼：100075
郵　箱：fn0505@sina.cn
電話：(010)58336360
手機：18910877525
13683357850
傳真：(010)58336292

北京市黃埔軍校同學會 秘書長
北京海外聯誼會 副秘書長

王蘭萍

地址：北京市西城區后英房胡同9號
電話：82218091　傳真：82218091
手機：13522860696
郵箱：wlp1230@aliyun.com.cn
郵編：100035

北京市黃埔軍校同學會 聯絡處處長
北京海外聯誼會 秘書處

王研

地址：北京市西城區后英房胡同9號
電話：82218089　郵編：100035
傳真：82218088
手機：13651060875
郵箱：13651060875@163.com

国务院台湾事务办公室 交流局

王　冰 副局长

地址：北京市西城区广安门南街6-1号
信箱：北京邮政2908信箱
邮政编码：100053
电话：(010)83912179
(010)83551807
传真：(010)83912369
手机：13601330391

国务院台湾事务办公室 交流局

萧　洪 副处长

地址：北京市西城区广安门南街6-1号
信箱：北京邮政2908信箱
邮政编码：100053
电话：(010)83912178
传真：(010)83912369

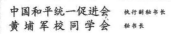

天津市黃埔軍校同學會聯絡部 部長
民盟市委民主與法制委員會 副主任
國際勞工組織SIYB 培訓教師

李桂環 律師

地址:天津市河西區三合里64號102室 郵編:300074
電話:(022)28359112 手機:13512089586
E-mail:guihuanl@163.com www.ehuangpu.com
MSN:tjwbi_liguihuan@hotmail.com QQ:1327212976

天津市黃埔軍校同學會辦公室 副主任
天津市臺灣研究會 常務理事

丁岩

地址:天津市河西區三合里64號102室 郵編:300074
電話:(022)28130347 傳真:(022)28130347
手機:15900353422 郵箱:tjhptx@yahoo.com.cn

中國人民政治協商會議天津市委員會 委員
天津市黃埔軍校同學會 秘書長
天津市臺灣研究會 顧問

劉正風

中國·天津
河西區三合里64號102室
郵編:300074
郵箱:liuzf315@163.com
電話:(022)28130346
傳真:(022)28130347
手機:13920599980

天津海外联谊会 副会长

王平

中国·天津 河西区友谊路30号 电话:022-83605490
邮编:300046 传真:022-23306943
E-mail:tzb_wp@163.com 手机:13652027210

中共天津市滨海新区委员会统战部

杨文芳 办公室主任

地址:天津市滨海新区塘沽新港二号路35号 邮编:300456
电话:(022)65309845 传真:(022)65309139
邮箱:bhxqtzbywf@163.com 手机:13803093182

天津市黃埔軍校同學會 聯絡部

周小紅 主任科員

地址:中國·天津市河西區佟樓三合裏64號102室 郵編:300074
電話:022-28359112 傳真:022-28130347
手機:13043292392 郵箱:xiaohongzhangzhou@163.com
www.ehuangpu.com

平谷
Beijing Pinggu

北 京 市 平 谷 区 东 高 村 镇

李　平　党委书记
乐谷管委会第一副主任

地址：平谷区东高村镇兴业路55号
邮编：101200
电话：(010)69909178
手机：13381120183
传真：(010)69909661
邮箱：pinggu-quwei@yeah.net

清华经管学院 Tsinghua SEM 30
清华 X-lab
清华大学创意创新创业教育平台

郑　琦　清华x-lab
教学与国际事务主管

地址：中国 北京
清华大学
经济管理学院舜德楼112室
邮编：100084
电话：(86 10) 6278 4955
手机：159 2042 6796
邮件：zhengqi@sem.tsinghua.edu.cn
网址：www.x-lab.tsinghua.edu.cn

EQUIS

中共北京市委統戰部聯絡處
北京海外聯誼會

黎　賢　林

手机：13910860576

地址：北京・東城區臺基廠大街8號
郵編：100743
郵箱：63089240@163.com
電話：8610-63089240
8610-63089230
傳真：8610-63089260

平谷
Beijing Pinggu

姜　帆　区委副书记　代区长

北京市平谷区人民政府

地址：北京市平谷区府前大街7号(101200)
电话：010－60912345
传真：010－89989372
手机：13701186401

平谷
Beijing Pinggu

中共北京市平谷区委员会统一战线工作部　副部长
中共北京市平谷区委员会台湾工作办公室　主　任
中共北京市平谷区人民政府台湾事务办公室

刘　刚

地址：北京市平谷区府前大街11号407室　邮编：101200
电话：010-69962267　传真：010-69962267
手机：18910667750　邮箱：liuganggang@163.com

平谷
Beijing Pinggu

刘　震　常委　统战部长

中共北京市平谷区委员会

地址：北京市平谷区府前大街9号(101200)
电话：010－69965592
传真：010－69961301
手机：13911993113
邮箱：liuzhen166@vip.sina.com

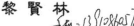

Baidu百度

廖 杨

公关部
公关专员

北京市海淀区上地十街10号百度大厦 邮编: 100085
电话: 010-58003399 传真: 010-59920021/59920022
手机: 15810471102 邮件: liaoyang@baidu.com
百度Hi: summer廖杨

天津市黃埔軍校同學會

王朝亮 副會長

地址:天津市河西區三合里64號102室 郵編:300074
電話:(022)23711164 手機:13174834146

張忠誠
地址:天津市河西區三合里
64号102室
邮编:300074
电話:(022)23711164

李務起
地址:北京市豐台區南三環
中路趙公口小區20号
邮编:100075 电話:18910877525

陳福成 80 著編譯作品彙編總集

編號	書　　　名	出版社	出版時間	定價	字數（萬）	內容性質
1	決戰閏八月：後鄧時代中共武力犯台研究	金台灣	1995.7	250	10	軍事、政治
2	防衛大臺灣：臺海安全與三軍戰略大佈局	金台灣	1995.11	350	13	軍事、戰略
3	非常傳銷學：傳銷的陷阱與突圍對策	金台灣	1996.12	250	6	傳銷、直銷
4	國家安全與情治機關的弔詭	幼　獅	1998.7	200	9	國安、情治
5	國家安全與戰略關係	時　英	2000.3	300	10	國安、戰略研究
6	尋找一座山	慧　明	2002.2	260	2	現代詩集
7	解開兩岸 10 大弔詭	黎　明	2001.12	280	10	兩岸關係
8	孫子實戰經驗研究	黎　明	2003.7	290	10	兵學
9	大陸政策與兩岸關係	黎　明	2004.3	290	10	兩岸關係
10	五十不惑：一個軍校生的半生塵影	時　英	2004.5	300	13	前傳
11	中國戰爭歷代新詮	時　英	2006.7	350	16	戰爭研究
12	中國近代黨派發展研究新詮	時　英	2006.9	350	20	中國黨派
13	中國政治思想新詮	時　英	2006.9	400	40	政治思想
14	中國四大兵法家新詮：孫子、吳起、孫臏、孔明	時　英	2006.9	350	25	兵法家
15	春秋記實	時　英	2006.9	250	2	現代詩集
16	新領導與管理實務：新叢林時代領袖群倫的智慧	時　英	2008.3	350	13	領導、管理學
17	性情世界：陳福成的情詩集	時　英	2007.2	300	2	現代詩集
18	國家安全論壇	時　英	2007.2	350	10	國安、民族戰爭
19	頓悟學習	文史哲	2007.12	260	9	人生、頓悟、啓蒙
20	春秋正義	文史哲	2007.12	300	10	春秋論文選
21	公主與王子的夢幻	文史哲	2007.12	300	10	人生、愛情
22	幻夢花開一江山	文史哲	2008.3	200	2	傳統詩集
23	一個軍校生的台大閒情	文史哲	2008.6	280	3	現代詩、散文
24	愛倫坡恐怖推理小說經典新選	文史哲	2009.2	280	10	翻譯小說
25	春秋詩選	文史哲	2009.2	380	5	現代詩集
26	神劍與屠刀（人類學論文集）	文史哲	2009.10	220	6	人類學
27	赤縣行腳・神州心旅	秀　威	2009.12	260	3	現代詩、傳統詩
28	八方風雨・性情世界	秀　威	2010.6	300	4	詩集、詩論
29	洄游的鮭魚：巴蜀返鄉記	文史哲	2010.1	300	9	詩、遊記、論文
30	古道・秋風・瘦筆	文史哲	2010.4	280	8	春秋散文
31	山西芮城劉焦智（鳳梅人）報研究	文史哲	2010.4	340	10	春秋人物
32	男人和女人的情話真話（一頁一小品）	秀　威	2010.11	250	8	男人女人人生智慧

陳福成80著編譯作品彙編總集

編號	書　　　　名	出版社	出版時間	定價	字數（萬）	內容性質
33	三月詩會研究：春秋大業 18 年	文史哲	2010.12	560	12	詩社研究
34	迷情・奇謀・輪迴（合訂本）	文史哲	2011.1	760	35	警世、情色
35	找尋理想國：中國式民主政治研究要綱	文史哲	2011.2	160	3	政治
36	在「鳳梅人」小橋上：中國山西芮城三人行	文史哲	2011.4	480	13	遊記
37	我所知道的孫大公（黃埔 28 期）	文史哲	2011.4	320	10	春秋人物
38	漸陳勇士陳宏傳：他和劉學慧的傳奇故事	文史哲	2011.5	260	10	春秋人物
39	大浩劫後：倭國「天譴說」溯源探解	文史哲	2011.6	160	3	歷史、天命
40	臺北公館地區開發史	唐　山	2011.7	200	5	地方誌
41	從皈依到短期出家：另一種人生體驗	唐　山	2012.4	240	4	學佛體驗
42	第四波戰爭開山鼻祖賓拉登	文史哲	2011.7	180	3	戰爭研究
43	臺大逸仙學會：中國統一的經營	文史哲	2011.8	280	6	統一之戰
44	金秋六人行：鄭州山西之旅	文史哲	2012.3	640	15	遊記、詩
45	中國神譜：中國民間信仰之理論與實務	文史哲	2012.1	680	20	民間信仰
46	中國當代平民詩人王學忠	文史哲	2012.4	380	10	詩人、詩品
47	三月詩會 20 年紀念別集	文史哲	2012.6	420	8	詩社研究
48	臺灣邊陲之美	文史哲	2012.9	300	6	詩歌、散文
49	政治學方法論概說	文史哲	2012.9	350	8	方法研究
50	西洋政治思想史概述	文史哲	2012.9	400	10	思想史
51	與君賞玩天地寬：陳福成作品評論與迴響	文史哲	2013.5	380	9	文學、文化
52	三世因緣：書畫芳香幾世情	文史哲				書法、國畫集
53	讀詩稗記：蟾蜍山萬盛草齋文存	文史哲	2013.3	450	10	讀詩、讀史
54	嚴謹與浪漫之間：詩俠范揚松	文史哲	2013.3	540	12	春秋人物
55	臺中開發史：兼臺中龍井陳家移臺略考	文史哲	2012.11	440	12	地方誌
56	最自在的是彩霞：台大退休人員聯誼會	文史哲	2012.9	300	8	台大校園
57	古晟的誕生：陳福成 60 詩選	文史哲	2013.4	440	3	現代詩集
58	台大教官興衰錄：我的軍訓教官經驗回顧	文史哲	2013.10	360	8	台大、教官
59	爲中華民族的生存發展集百書疏：孫大公的思想主張書函手稿	文史哲	2013.7	480	10	書簡
60	把腳印典藏在雲端：三月詩會詩人手稿詩	文史哲	2014.2	540	3	手稿詩
61	英文單字研究：徹底理解英文單字記憶法	文史哲	2013.10	200	7	英文字研究
62	迷航記：黃埔情暨陸官 44 期一些閒話	文史哲	2013.5	500	10	軍旅記事
63	天帝教的中華文化意涵：掬一瓢《教訊》品天香	文史哲	2013.8	420	10	宗教思想
64	一信詩學研究：徐榮慶的文學生命風華	文史哲	2013.7	480	15	文學研究

陳福成 80 著編譯作品彙編總集

編號	書　　　　名	出版社	出版時間	定價	字數（萬）	內容性質
65	「日本問題」的終極處理 — 廿一世紀中國人的天命與扶桑省建設要綱	文史哲	2013.7	140	2	民族安全
66	留住末代書寫的身影：三月詩會詩人往來書簡	文史哲			6	書簡、手稿
67	台北的前世今生：圖文說台北開發的故事	文史哲	2014.1	500	10	台北開發、史前史
68	奴婢妾匪到革命家之路：復興廣播電台謝雪紅訪講錄	文史哲	2014.2	700	25	重新定位謝雪紅
69	台北公館台大地區考古・導覽：圖文說公館台大的前世今生	文史哲	2014.5	440		
70	那些年我們是這樣談戀愛寫情書的（上）	文史哲				
71	那些年我們是這樣談戀愛寫情書的（下）	文史哲				
72	我的革命檔案	文史哲	2014.5	420		革命檔案
73	我這一輩子幹了些什麼好事	文史哲				人生記錄
74	最後一代書寫的身影：陳福成的往來殘簡殘存集	文史哲				書簡
75	「外公」和「外婆」的詩	文史哲				現代詩集
76	中國全民民主統一會北京行：兼全統會現況和發展	文史哲			5	
77	六十後詩雜記現代詩集	文史哲	2014.6		2	現代詩集
78	胡爾泰現代詩臆說：發現一個詩人的桃花源	文史哲	2014.5	380	8	現代詩欣賞
79	從魯迅文學醫人魂救國魂說起：兼論中國新詩的精神重建	文史哲	2014.5	260	10	文學
80						
81						
82						
83						
84						
85						
86						
87						
88						
89						
90						
91						
92						
93						
94						

陳福成國防通識課程著編作品

(各級學校教科書)

編號	書名	出版社	教育部審定
1	國家安全概論(大學院校用)	幼獅	民國 86 年
2	國家安全概述(高中職、專科用)	幼獅	民國 86 年
3	國家安全概論(台灣大學專用書)	台大	(台大不送審)
4	軍事研究(大專院校用)	全華	民國 95 年
5	國防通識(第一冊、高中學生用)	龍騰	民國 94 年課程要綱
6	國防通識(第二冊、高中學生用)	龍騰	同
7	國防通識(第三冊、高中學生用)	龍騰	同
8	國防通識(第四冊、高中學生用)	龍騰	同
9	國防通識(第一冊、教師專用)	龍騰	同
10	國防通識(第二冊、教師專用)	龍騰	同
11	國防通識(第三冊、教師專用)	龍騰	同
12	國防通識(第四冊、教師專用)	龍騰	同

註:以上除編號 4,餘均非賣品,編號 4 至 12 均合著。